# 学校に還《かえ》す心理学

## 研究知見から
## ともに考える**教師**の仕事

有馬道久
Michihisa Arima
大久保智生
Tomoo Okubo
岡田 涼
Ryo Okada
宮前淳子
Junko Miyamae
編

ナカニシヤ出版

# はじめに

教師は日々，授業や学習指導はもちろんのこと，子どもとの関係づくりや学級経営，保護者との対応，地域との連携など多種多様な職務に力を注いでいます。時には自分一人の力では対応しきれない困難な問題に直面し，同僚の教師との協働の中でようやく解決できることもあるでしょう。

このように，教職は大きなやりがいと同時にストレスもまた強く感じる仕事ですが，それだけではありません。変化が激しく絶えず新しい未知の課題への対応が求められる知識基盤社会では，学校教育に対しても，例えば，「主体的・対話的で深い学び」の実現，ICT の活用，道徳科や小学校外国語（英語）科の開始，特別な支援を必要とする児童・生徒への対応，グローバル化に適応できる子どもの育成など，様々な新しい教育課題が課されています。

こうしたことから教師や学校には，今まで以上に新しい知識，情報，技術が必要になってきています。

一方，教育心理学においては，実際に学校で起きている教育課題について学校をフィールドにして数多くの研究が行われ，優れた研究成果や知見が生み出されています。上に挙げたような教育課題に関する研究も増えてきました。しかし，こうした研究成果が教育実践の場や教師の成長過程に十分に活かされているとはいい難いのが実状です。有用な研究知見が，一人ひとりの教師に届くことなく埋もれていっている面も少なくありません。

その背景には，これまでの教育心理学に関する書籍が，一般的な学習や発達の理論を紹介したり，児童・生徒の行動面あるいは心理面での特徴を記述したりすることに主眼を置いたものが多かったために，それらの知見を教育に具体的にどう活かすかに関するものが少なかったことがあります。また，教師に焦点をあてた章を設けた書籍もありますが，一人ひとりの教師の実践と成長に向き合い，研究者と実践家が支え合うという視点で教育心理学の研究知見を整理したものがあまり見られなかったということもあるかもしれません。

そうしたことから本書は，教師の置かれた現状と教育心理学研究の現状をつなぐことをめざします。教育心理学の研究知見をもとに，教職がもつ多様な側面を包括的に見通そうするものです。そのために，執筆者自身も学校というフィールドに入り，授業場面における学習指導や児童・生徒との関係づくり，校内研修の在り方など，一人の教師が直面する様々な課題について，有用な視点をもたらし得る知見を積み重ねてきました。このように，学校で研究させてもらったことで得られた知見を，学校に還したいという思いから，本書のタイトルを『学校に還す心理学』としました。

本書を企画するにあたり，日頃，教員の養成や研修に携わっている編者4名で教師の仕事や心理学の役割についてあらためて考えてみました。その上で，2018年度と2019年度の日本教育心理学会総会の自主シンポジウムを通して議論し，理念の共有化を図りつつ，その成果をベースにして本書を編集し，広く問うというかたちをとりました。その結果，授業や学習指導，教育相談と学級経営，そして，教師自身のキャリア発達という3側面が大事になると考え，若手から中堅を中心に，章の内容によっては全体を見渡せる経験豊富な方を執筆者として依頼し，第1部「授業をつくる教師」，第2部「子どもを支える教師」，第3部「成長する教師」の3部構成にしました。

第1部「授業をつくる教師」では，近年，学校教育における授業の形態が多様化していることをふまえ，授業や学習指導に焦点をあてます。現在，アクティブ・ラーニングやICTを活用した授業がもてはやされていますが，授業の形態を協働実践型にしたり，ICTを用いたりしただけでは，「主体的・対話的で深い学び」となるとは限りません。「主体的・対話的で深い学び」は，教師がどのように授業を構成し，子どもと関わるのかを抜きに語ることはできません。しかも，優れた教師はこれまでも一斉授業中心の学習指導の中で「主体的・対話的で深い学び」を実現していたと考えられますから，一斉授業や学習指導に関するこれまでの研究からも多くの示唆が得られるはずです。そこで第1部では，学級や授業の雰囲気と授業内の言語的・非言語的コミュニケーション，学習成果を上げる授業マネジメントや学び合い，フィードバック，授業外学習の観点から考えていきます。

第2部「子どもを支える教師」では，教師がどのように子どもの心の成長を支えていくのかに注目します。子どもは，成長の過程で様々な困難に直面します。友達との関係に関する悩み，学習や進路に関する悩みなど様々ですが，大人にとっては些細なことに思われても，子どもには深刻で重大な問題となっていることも少なくありません。また，学級の中で感情や行動をうまくコントロールできず，そのことでつらさを感じてしまう子どももいます。教師は日々，そうした子どもたちに寄り添いながら，子どもが自分の力で問題を乗り越えていけるように支援しています。また，教師は，一人ひとりの子どもと向き合いながら，同時に学級集団に対しても意図的に働きかけ，集団としての発達を促しています。そこで第２部では，教育相談，いじめ，無気力，学級づくり，集団 SST，特別支援教育に関する研究から得られた知見を紹介し，子どもの心の成長を支えるための教師の視点や支援の在り方について考えていきます。

第３部「成長する教師」では，教師がどのように成長していくのかに目を向けます。先述の通り，教師が担うべき職務や解決を求められる課題は，きわめて多岐にわたります。それらあまたの職務や課題に対して，一人ひとりの教師が真摯に向き合い葛藤しながら，少しずつ成長していく過程があると思います。その成長の場の１つは授業でしょう。授業において学習面での指導を行い，子どもと関わることが，教師が変容し，成長するための契機になります。また，そうした教師の成長をお互いに支え合うものとして校内研修があり，自身の課題を追究する営みとして研究があります。経験や立場が少しずつ異なる教師が集まり，自身の実践やその背後にある教育観に目を向ける校内研修の場や，自分なりに見出した課題を解決していく研究の営みは，成長に関わる大事な要因になっているはずです。そして，教師としての時間と経験を積み重ね，日々の授業を行い，多くの子どもと関わり，それに対して反省的に向き合うことを通して，一人ひとりの教師は独自の「知」をつくりあげていくでしょう。そこで第３部では，教師の成長と発達，自律性支援，授業内コミュニケーションの変化，校内研修，実践研究，実践知といった点について，心理学の研究知見をふまえながら，一人ひとりの教師の成長に思いを巡らせます。

本書は，教師の実践と成長に向き合い，研究者と実践家が支え合うという視点を重視し，教員養成から教員研修までを見通した書籍として編集しました。教員養成課程に在籍する学生にとっては，将来の教師像が見通せるような構成に，現職教員にとっては，教師としての自己像に対して新たな見方を得て実践に活かすことができるような構成になるようめざしました。本書を通して，教職の多様な側面に触れ，教育心理学的な視点から新たな見方をもっていただければ幸いです。

編者一同

# 目　次

## 第3部　成長する教師

# 第1部

# 授業をつくる教師

# 1章

# 学校文化への適応とコミュニケーション

## 1. 子どもが学校文化に適応するとはどういうことを意味するのか

### (1) 適応と不適応

現在，不登校や非行など様々な学校文化への適応の問題が注目されています。こうした学校文化への適応の問題について，特に学級や授業の観点から考えていきましょう。

適応とは，個人と環境の関係を表す概念であり，「個人と環境の調和」として定義づけられます。また，適応は個人と環境の調和の状態だけでなく，個人と環境の調和に至る過程を含む概念といえます。この適応の過程において不適応が生じていると考えられるため，不適応は適応の対極ではなく，適応の失敗といえます。つまり，学校文化に適応していく過程の中で不適応が生じていると考えられます。

一般に，学校不適応とは，心理的要因に起因し，正常な学校生活を妨げる問題行動の総称を指します。学校不適応は問題行動と同義であり，問題行動は非社会的行動と反社会的行動に分類されます（図 1-1)。非社会的行動とは不登校や引きこもり，無気力などの対人的・社会的な接触を避けようとする行動を指し，反社会的行動とは非行やいじめ，授業妨害などのルールに従わず，社会や集団が迷惑を受ける行動を指します。

こうした問題行動を不適応と考えるのは，ごく自然な発想といえますが，は

問題行動
- 非社会的行動……不登校，引きこもり，無気力 など
- 反社会的行動……非行，いじめ，授業妨害 など

**図 1-1　問題行動の分類**

たして問題行動は個人と環境の調和していない状態なのでしょうか。集団への参加の観点でとらえると，この2つの問題行動は全く性質が異なるものであるといえます（大久保，2011）。非社会的行動は集団への参加の拒否，あるいは集団からの撤退を意味しますので，個人と環境が不調和な状態といえます。一方，反社会的行動は集団にとどまりつつ，集団の中で起こす迷惑行動を意味しています。反社会的行動をする子どもは学級の中で居心地のよさも感じているため，ある意味では環境と調和しているともとらえられ，一概に不適応とは決めつけられないのです（大久保，2010）。特に，授業妨害などの反社会的行動は，学級や授業にとどまりつつ，その中で起きることからも，何が反社会的行動をする子どもを学級や授業にとどまらせて，支えているのか，その環境の在り方（教師の指導や学級や授業の在り方）についても問う必要があるといえます（大久保，2011）。

### (2) 学校文化に適応しやすい子どもの特性と環境

どのような子どもが学校文化に適応していくのでしょうか。一般に学校文化に適応できる子どもというと，友人や教師との関係が良好で，一生懸命学業に取り組む優等生をイメージするのではないでしょうか。しかし，学校には様々な子どもがおり，必ずしも上記のような子どもでなくても学校文化に適応していると考えられます。さらに，学校によっては，教師との関係が悪い方が学校文化に適応していることも明らかとなっているように，学校文化への適応を考える際には，その学校で何が重視されているかをふまえる必要があります（大久保，2010）。

これまで，学校文化への適応に関する研究では，学校文化に適応しやすい子どもの特性が注目されてきました。わかりやすくいえば，どのような子どもが学校文化に適応しやすいかが検討されてきました。しかし，適応とは個人と環境の調和と定義されているように，環境が変われば，個人の適応は変わります。現在，学校文化への適応を考える際，個人の特性だけでなく環境も含めてとらえていく視点に注目が集まっています（近藤，1994; 大久保，2010）。つまり，どのような子どもの特性と，どのような環境，特に学級や授業の雰囲気が適合するのかが，学校文化への適応にとって重要であると考えるわけです。例えば，

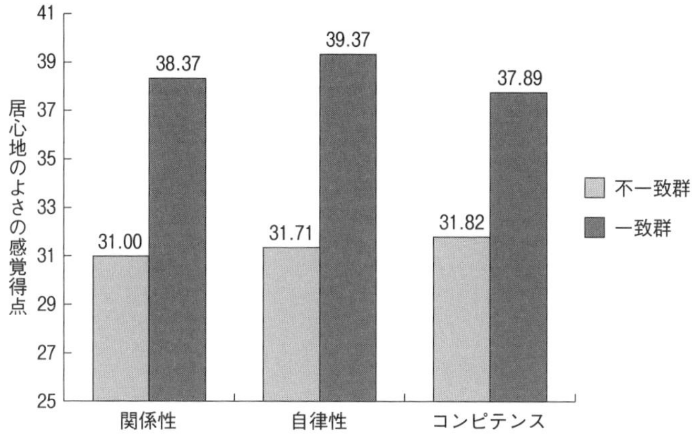


**図 1-2　個人－環境の不一致群・一致群における居心地のよさの感覚**
（大久保・加藤，2005）

大久保・加藤（2005）の研究では，個人の欲求が学校環境からの要請と一致（適合）している者の方が学校に適応して（居心地がよいと感じて）いることが示されています（図 1-2）。この結果から示唆されるのは，どのような個人の特性が望ましいか，求められているかは環境との関係次第であるため，望ましい子どもの特性は相対的なものであるということです。例えば，自分で何かを決めたいという自律性への欲求が高い子どもは，自由な雰囲気の学校や学級では環境と適合して問題を抱えないといえますが，反対に自律性が求められていない学校や学級では，環境と適合せずに適応の問題を抱えるかもしれません。このように考えると，自律性への欲求が強い子どもがよいとか，自由な雰囲気の学校や学級がよいとかというものではないことがわかります。つまり，子どもと環境の関係によって何がよいのかは変わるため，教師は，どのような環境，特に学級や授業の雰囲気を形成していくのかも考える必要があるといえます。

## 2. 学級や授業の雰囲気はどのようにとらえられるのか

### (1) 物理的な環境と心理社会的な環境

子どもの学校文化への適応をとらえるためには，前述のようにその子どもがどのような子であるかだけでなく，どのような環境に子どもがいるのかが重要になります。その際の環境とは，物理的な環境と心理社会的な環境に分けることができます。物理的な環境としては，机や椅子の配置や学級の人数などがこれにあたります。物理的な環境も子どもの適応に影響を与えますが，それ以上に心理社会的な環境の方が子どもの適応に影響を与えることが指摘されています。心理社会的な環境としては，特に，環境が何を求めていると思うかなどの子どもにとっての環境の意味が重要になります。

本章で論じている学級や授業の雰囲気は心理社会的な環境といえます。したがって，ある人にとっては授業が発言しやすい雰囲気であっても，別の人にとっては発言しにくい雰囲気であるととらえられるものです。ここでは，学級や授業を子どもがどのように意味づけているのかが子どもの行動に影響を与えていることは容易に想像がつきます。

また，授業妨害などが起きる学級の荒れは，学級や授業の雰囲気，特に問題行動をしない子どもが形成する雰囲気が影響していることが指摘されています（加藤・大久保，2006）。ここでも，物理的な環境，例えば問題児が何人いるかよりも問題行動をしない子どもが学級や授業をどのように意味づけているかという心理社会的な環境が重要になります。実は，学級の荒れは，問題児が何人いるかということよりも，問題行動をしない子どもが形成する雰囲気，例えば問題行動を支持するような雰囲気によって，継続し，波及していくのです。このように子どもが環境をどのように意味づけているのか，特に学級や授業の雰囲気といった視点が重要になります。

### (2) 学級や授業の雰囲気をとらえる視点

学級や授業の雰囲気はどのようにとらえられ，測定されているのでしょうか。これまで様々な研究が行われ，学級や授業の雰囲気をとらえる試みがされてきましたが，ここでは学級や授業の雰囲気がどのようにとらえられ，測定されているのかを見ていきましょう。

学級の雰囲気をとらえる視点で，最も有名な研究として，学級風土研究が挙げられます。これは，学級を１つのパーソナリティをもつ個人のようにとらえるものといえます（伊藤・松井，1998）。日本でも様々な学級風土を測定する尺度が開発されています。こうした研究では，子どもの学校文化への適応に及ぼす影響など，どのような学級風土が子どもにどのような影響を与えるのかを明らかにしており，数多くの有益な知見が蓄積されています。また，熟達目標と遂行目標の観点から学級の雰囲気をとらえ，子どもへの影響を明らかにしている研究などもあります（三木・山内，2005）。

授業の雰囲気をとらえる視点で，最も有名な研究は授業中の教師と子どもの発話を検討するフランダース（Flanders, 1970）のカテゴリー分析です。発話以外の授業の雰囲気の研究では，吉崎・水越（1979）の授業中の学級集団雰囲気の研究が挙げられます。吉崎・水越（1979）はSD法によって授業の構成員である児童に授業の雰囲気を評定させ，雰囲気を測定しています。近年では，岸・野嶋（2006）も吉崎・水越（1979）の研究と同様に授業の雰囲気をSD法で測定しています。しかし，SD法による雰囲気の測定は，表現が多義的であり，具体像がとらえにくいという短所があります。こうした課題から，岸ら（2010）は授業雰囲気を測定する尺度を開発しています。この尺度の特徴としては，子どもが授業の雰囲気を評定するだけでなく，第三者が授業の雰囲気を評定することを視野に入れていることが挙げられます。

このように，子どもが評定する学級風土尺度による測定やSD法による授業雰囲気の測定から，第三者が評定することが可能な授業雰囲気の測定まで，様々な学級や授業の雰囲気をとらえる視点があることがわかるかと思います。学級や授業の雰囲気をとらえるのにどれがよいかというよりも，どのような視点で学級や授業の雰囲気をとらえたいのかによって，測定方法を使い分けていくことが必要であるといえます。

## 3. 教師と子どものコミュニケーションは雰囲気とどのように関わっているのか

### (1) 学級や授業の雰囲気とコミュニケーション

学級や授業の雰囲気は，教師と子どものコミュニケーションによって形成されていきます。学級での活動，特に授業が学校生活の中心であることからも，学級や授業でどのようなコミュニケーションをとっているのかが，学級や授業の雰囲気を考える上で，重要になります。

こうした学級や授業でのコミュニケーションは様々な分類が可能ですが，最も有名な分類の仕方は，言語的コミュニケーションと非言語的コミュニケーションの分類です。言語的コミュニケーションとは文字通り，言葉を用いたコミュニケーションを指し，非言語的コミュニケーションとは言葉を用いない身振りや表情などを用いたコミュニケーションを指します。

言語的コミュニケーションは，メーハン（Mehan, 1979）が指摘しているように，授業は教師による説明・発問（Initiation），教師の発問に対する児童の応答（Reply），それに対する教師の評価（Evaluation）という基本構造（I-R-E構造）を有していることからも，授業を構成する中心的な要素であるといえます。そして，この基本構造に学級や授業の雰囲気が関係していることは容易に想像がつきます。

非言語的コミュニケーションは，声のトーンやスピード，イントネーションなどの非言語行動と言語行動の中間的なもの，目の動きや指や手の動きなどの身体行動，机間巡視の際の子どもとの距離などの対人距離などが挙げられます。こうした非言語的コミュニケーションにも学級や授業の雰囲気が関係していることはいうまでもありません。

学級や授業の雰囲気は，子どもと教師のコミュニケーションの連続により立ち現れるものといえますが，それは固定的なものではありません。教師の行動によっても，子どもの行動によっても学級や授業の雰囲気は変化しうるものといえます。さらに，形成された学級や授業の雰囲気は，教師や子どもの言語的および非言語的なコミュニケーションを規定していきます。したがって，学級や授業でのコミュニケーションが雰囲気と大きく関わっていることは予想がつきます。例えば，どのような雰囲気で教師や子どもがコミュニケーション行動をとっているのか，それによって同じ行動であっても，とらえ方が変わってきます。

### (2) 学級や授業の雰囲気と教師のコミュニケーション行動

教師の行動は学級や授業の雰囲気とどのように関わっているのでしょうか。当然のことながら，教師が授業を構成していることからも，雰囲気に与える教師の影響は強く，普段の教師の発言や行動は当然，雰囲気と関係しています。

岸（2015）では，教師の教授行動と雰囲気が関係していることが示されています。注意するなどの行動は統制的な雰囲気と，色々な意見を出させるなどの行動は自由・積極的な雰囲気と，子どもの話をよく聞かないなどの行動は喧噪的な雰囲気と関わることが示されています。ここから示唆されることは，教師の授業中の発言や行動は授業の雰囲気と関係しており，教師はどのような雰囲気にしたいのかによって，どのような行動を多くとるべきなのかを考える必要があるということです。

また，教師の教授行動を検討する際には，非言語行動も視野に入れる必要があります。教師の非言語行動は授業の雰囲気とどのように関係しているのでしょうか。大久保ら（2013）は，立ち位置や視線と雰囲気の関係について検討し，教師が立ち位置や視線によって雰囲気を切り替えていることを明らかにしています。立ち位置による雰囲気の切り替えのポイントは教師によって異なりますが，視線による雰囲気の切り替えは，例えば，教科書を見ると統制的な雰囲気が高まるというように，ある程度共通したポイントがあることが示されています。つまり，教師は知らず知らずのうちに，非言語行動によって雰囲気をコントロールしており，雰囲気を切り替えるポイントをもっているというわけです。したがって，教師は普段の言動だけでなく，無意識に行っている自分の癖を把握し，授業の雰囲気や子どもにどのような影響を与えているのかを振り返ってみた方がよいかもしれません。

### (3) 学級や授業の雰囲気と子どものコミュニケーション行動

授業における子どもの行動は，学級や授業の雰囲気とどのように関係しているのでしょうか。学級や授業の雰囲気と関係する子どもの行動として，挙手が挙げられます。一般に授業でよく挙手をする子どもは学習意欲が高いと評価されがちですが，実際，授業で挙手をする子どもは学習意欲が高いのでしょうか。

挙手行動は，自己効力（藤生，1996）などの個人要因からとらえられてきましたが，雰囲気などの環境要因も影響していることが明らかになっています（澤邉ら，2014）。また，大久保・江村（2012）の研究では，実際の挙手の回数と動機づけの関連を検討し，挙手と動機づけの関連が雰囲気によって異なるため，一概に挙手行動は意欲の表れとはいえないことを指摘しています。したがって，これまで，挙手は教師から見ると児童の意欲の表れと考えられてきましたが，雰囲気を鑑みると個人内の要因に基づいた行動というよりも教室の文化に適応した行動といえるのではないでしょうか。したがって，挙手などの授業における子どものコミュニケーション行動を考える際には，個人の要因だけでなく，学級や授業の雰囲気などを常に考慮する必要があるといえます。

このように，教師のコミュニケーション行動や子どものコミュニケーション行動にはその場の雰囲気が関わってきます。当然のことをいっているようですが，見落としがちなことでもあります。ですから，学校文化への適応や授業内のコミュニケーションを考える際には，常に，子どもの側の行動や特性だけでなく，どのような環境，特にどのような雰囲気の中で指導が行われているのか，といったこともふまえて考えていく必要があるでしょう。

● 引用文献


Flanders, N. A. (1970). *Analyzing teaching behavior.* Reading, MA: Addison-Wesley.

藤生英行（1996）．教室における挙手の規定要因に関する研究　風間書房

伊藤亜矢子・松井　仁（1998）．学級風土研究の意義　コミュニティ心理学研究, *2*, 56-66.

加藤弘通・大久保智生（2006）．問題行動をする生徒および学校生活に対する生徒の評価と学級の荒れとの関係：困難学級と通常学級の比較から　教育心理学研究, *54*, 34-44.

岸　俊行（2015）．一斉授業の特徴を探る：授業を観る，測る，考える　ナカニシヤ出版

岸　俊行・野嶋栄一郎（2006）．小学校国語科の一斉授業における雰囲気の検討　人間科学研究, *19*, 75-84.

岸　俊行・澤邉　潤・大久保智生・野嶋栄一郎（2010）．学生・教師を対象とした異なる学級における授業雰囲気の検討：授業雰囲気尺度の作成と授業雰囲気の第三者評定の試み　日本教育工学会論文誌, *34*, 45-54.

近藤邦夫（1994）．教師と子どもの関係づくり：学校の臨床心理学　東京大学出版会

Mehan, H. (1979) *Learning lessons: The social organization of classroom behavior.* Cambridge, MA: Harvard University Press.

三木かおり・山内弘継（2005）．教室の目標構造の知覚，個人の達成目標志向，学習方略の関連性　心理学研究, *76*, 260-268.

大久保智生（2010）．青年の学校適応に関する研究：関係論的アプローチによる検討　ナカニシヤ出版

大久保智生（2011）．問題行動はどのようにとらえられるのか　発達, *32*(127), 41-48.

大久保智生・江村早紀（2012）．授業に積極的に参加している児童は動機づけが高いの

か：授業雰囲気による学級別の検討　発達研究, *26*, 15-24.
大久保智生・加藤弘通（2005）．青年期における個人―環境の適合の良さ仮説の検証：学校環境における心理的欲求と適応感との関連　教育心理学研究, *53*, 368-380.
大久保智生・岸　俊行・澤邉　潤・野嶋栄一郎（2013）．第三者による授業雰囲気の評定と教師の非言語行動との関連　日本教育工学会論文誌, *37*(Suppl), 29-32.
澤邉　潤・大久保智生・岸　俊行・野嶋栄一郎（2014）．児童の授業認知が挙手行動に与える影響　人間科学研究，*27*, 197-204.
吉崎静夫・水越敏行（1979）．児童による授業評価：教授行動・学習行動・学級集団雰囲気の視点より　日本教育工学会論文誌, *4*, 41-51.

# 2章

# 教師と子どもとの関わりから考える教師の授業マネージメント

## 1. 学校現場を取り巻く状況はどうなっているのだろうか

現在，わが国の科学技術政策においては，新たな未来社会（Society）を“Society 5.0”として提唱しています。このSociety 5.0時代の教育・学校・教師の在り方として，以下のことが提言されています。子どもたちには「①読解力や情報活用能力」「②教科固有の見方・考え方を働かせて自分の頭で考えて表現する力」「③対話や協同を通じて知識やアイディアを共有し新しい解や納得解を産み出す力」などが必要であるとし，そのために学校現場においては先端技術を活用し，「①地理的制約を超えた多様な他者との協働的な学び」「②一人一人の能力，適性等に応じた学び」「③子どもたちの意欲を高めやりたいことを深められる学び」を実現していく必要があると謳われています（平成31年4月17日中央教育審議会）。

このような大きな社会の動きに対応するように，2018年度より順次，学習指導要領が改訂されています。文部科学省（2017）の「新しい学習指導要領の考え方」によると，子どもたちの能力の育成として現在学校現場に求められることとして「学びに向かう力・人間性等の涵養」「生きて働く知識・技能の習得」「思考力・判断力・表現力の育成」の3つが挙げられています。それらを実現するために，学校現場では新しい時代のニーズに合った学びを促進させる動きが活発化しています。

特に，新しい時代に必要となる資質・能力を育てるために，「主体的・対話的で深い学び」の実現に向けた授業改善を求めていくことが望まれています。しかし，実際に何が「主体的」で，どうすることが「対話的」で，どのようなことが実現されれば「深い学び」となるのか，現場の教員がしっかりと理解しているとはとてもいい難いのが現状です。そのため現場の教員は，グループワークを導入した授業や多様な特徴を有する子どもたちに対応するための TT（Team Teaching）の導入，さらには ICT（Information and Communication Technology）を用いた実践など，試行錯誤しながら様々な授業を展開しています。このような教育現場の動きに連動するように，授業研究も従来の一斉授業の研究から，アクティブラーニングに焦点化した研究や ICT を用いた授業実践の効果測定などにシフトするようになってきています。しかし，小中学校の現場においては依然として一斉授業形式が授業形態の主流であり，学校教育の中心をなしています。では，アクティブラーニング型の授業などの「新しい形式の授業」と従来の一斉授業形式の授業とを比較した場合，教師に求められる技能は異なってくるのでしょうか。今後，新しい形式の授業が多く実践されるようになってくることを考えると，このような問いは非常に重要です。

## 2. 教師の授業内の発話と教師の授業マネージメントには関連があるか

授業において教師に求められる技能を考える際に，まず教師は授業においてどのような営為を行っているのかを考えていく必要があります。相互作用論の立場から，ウィルキンソンとカルキュレーター（Wilkinson & Calculator, 1982）は教室を教師と生徒が情報を交換する相互作用文脈であると指摘しています。学校現場で行われる授業はその形式を問わず，教師のコントロールのもとで子どもたちが活動していきます。特に，その形態が顕著に出てくる一斉授業においては，メーハン（Mehan, 1979）が指摘しているように，教師の説明・発問（Initiation）に対して児童の応答（Reply）があり，教師はそれに対して評価を行う（Evaluation）という基本構造を有しています（I-R-E 構造）。キャスディン（Cazden, 1988）は，この「I-R-E」構造を教師のモノローグとしてとらえています。すなわち，教師の語りが質問にかたちを変え，さらには児童の応答というかたちに変わり，評価で再び教師の語りの中に見出されるということです。このように授業をとらえると，教師は授業の内容（I）を統制しながら，授業全体（I-R-E）をも統制していることがわかります。

実際に授業内の教師の言動から授業の雰囲気を研究したフランダース

(Flanders, 1970) は，FIAS (Flanders' Interaction Analysis System) という独自の発話カテゴリの作成を行いました。この発話カテゴリの中で教師発話は大きく「直接的影響」「間接的影響」の2つに分類されています。直接的影響には授業をしたり，指示したりすることが含まれているのに対し，間接的影響には，感情を受け入れたり，ほめたりすることなどが含まれています。岸(2015) が指摘しているように，FIAS の教師発話は授業における子どもへの影響という観点から分類されており，授業進行に対しての教師の子どもへの影響は直接的なものだけではなく，間接的なものも含まれていると理解することが可能です。この間接的な影響は授業の内容に関わるものではなく，授業を授業として維持していくための教師の関わりと考えることが出来ます。岸・野嶋(2006) では，このような教師発話を「授業運営・維持発話」としています。このように，授業内での教師の言動には授業の内容に関わるものだけでなく，授業運営に関わる言動も多くあります。授業は当然，教師が教授内容を子どもたちに伝えることで進められます。

しかし，同時に授業が授業として成立するためには，それを聞き学ぶ子どもの存在も必要不可欠です。いくら教師が立派な授業をしていても，誰も聞いていないのであれば，それは「授業」とは呼べません。この点において澤本(2004) が指摘しているように，授業は教師と子どもとの共同作業といえます。授業が授業として成立するために，授業全体をコントロールする働きが求められるのです。その上で，教授内容に関しての関わりが求められるといえます。本章では，この教師が授業内で行う授業全体をコントロールする働きを教師の「授業マネージメント」と呼ぶこととします。

このような観点から先の問いを考えてみます。従来の一斉授業と新しい形式の授業とで教師の求められる技能について考えてみると，子どもに求められる資質・能力が異なっているため，授業の内容に関わる部分においては違いが見られ，当然，教師に求められる技能が変わってくることも予想されます。しかし，授業を授業として成立させるための教師の役割，つまり授業マネージメントにおいては授業の形式が異なっていても，違いがあるわけではありません。どのような形式の授業であろうと，教師は自分の与えられた時間，授業をしっかりと遂行するための関わりを子どもたちと共にしていくことが求められるのです。

従来のように，座っている子どもたちに対して教師が前で一方的に話す形式ではなく，多様な子どもたちの活動を取り入れた授業やICTなどの情報機器を使った授業などは授業中の子どもたちのActivityも大きいため，従来の一斉授業以上に教師の授業マネージメント能力が求められるといえます。このような観点から考えれば，アクティブラーニング型の授業などの新しい形式の授業と従来の一斉授業において必要とされる教師の技能は決してかけ離れたものではないのです。授業マネージメントという観点においては，一斉授業において必要とされる技能の延長に新しい形式の授業があるといえます。

今後，新しい形式の授業が学校現場で多く実践されていく中で，あらためて教師の授業マネージメントについて考えていくことは重要なテーマといえます。これまで授業研究では多くの研究が行われ有益な知見が積み重ねられてきました。しかし，その多くは授業における教育的意義や教授内容に関する考察が中心となっており，教師の授業マネージメントに焦点化した研究は決して多いとはいえません。

そのような中で，授業マネージメントに関わる研究をいくつか紹介します。教師の有する雰囲気に着目した河野（1988）は，常ににこにこしていて，積極的に児童に話しかける高親和的教師と，常に無表情あるいはきつい表情をしていて，事務的に必要最低限のことしか話さない低親和的教師の二人の教師が児童にどのような影響を与えるのか実験的授業を通して明らかにしました。その結果，高親和的教師に接した児童の方が，高い学習成績を修めたと報告しています。また，大河原（1983）は，教師の教授行動の際に，教師の身振り・手振りなどの例示動作に代表される身体動作が児童の学習効果を高めることを実験的に明らかにしています。授業中の教師の姿勢に着目した野中（2011）は，教師の授業中にとる姿勢を採取し，教師の姿勢をその形態と教授活動に関する機能の類似性から分類しました。分類した姿勢の出現率と教師の属性との関連を分析した結果，教師の表出する姿勢頻度は教師の個人属性や指導スタイルと関連していることが示唆されました。さらに岸・野嶋（2006）は12人の小学校教師の授業内の全発話をもとにコーディングを行い，同一教師の授業ごとのカテゴリの関連性を検討し，教師の授業内発話が非常に安定（一貫）していることを明らかにしました。

これらの先行研究の知見は，教師の直接的な教授行動以外の言動が，子どもの学習にある一定の影響を及ぼしていること，さらにそれが教師個人の属性・経験に依存していることを確認するものといえます。これらの知見より，授業内で行われている教師の様々な行動が，子どもの学習に影響を及ぼしているだけでなく，授業マネージメントにも影響を及ぼしている可能性が推察されます。次節では，これまで筆者が行ってきた教師の授業マネージメントの特徴とそれが授業運営に及ぼす影響に関して行った研究について紹介します。

## 3. 教師の授業マネージメントはどう授業運営に影響を及ぼしているのか

依然として授業中に立ち歩くなどの授業が成立しない授業崩壊の事例が報告されています。また先述した通り，「主体的で対話的で深い学び」を実現するためにアクティブラーニングなどの授業中の子どもの Activity が大きくなるような授業が多く展開される中で，教師の授業マネージメントの特徴を検討することは重要なことです。そこで，教師の授業マネージメントが授業運営に及ぼす影響を検討するために，授業がうまく立ちいかない状況にあると推察される学級（授業崩壊が疑われるクラス⇒以下「苦慮学級」）と「通常学級」との教師の授業マネージメントの比較を行いました。

対象とした学級は苦慮学級2クラス，通常学級2クラスの計4クラスでした（表2-1)。各学級の国語の授業3授業分を分析の対象としました。なお苦慮学級と通常学級の違いをより明確にするため，1回あたりの授業が中断された時間の平均と1回の授業における立ち歩き人数（のべ人数）を算出し，通常学級

表2-1　苦慮学級と通常学級の概要

| | 学級 | 児童数 | 担任年齢 | 中断時間（平均：秒／回） | 立ち歩き人数（平均：人／回） |
|---|---|---|---|---|---|
| 【苦慮】 | 2-A | 40人 | 50代前半 | 96.65秒 | 17人 |
| 【苦慮】 | 3-A | 35人 | 40代後半 | | |
| 【通常】 | 2-B | 35人 | 30代後半 | 19.15秒 | 0.98人 |
| 【通常】 | 3-B | 40人 | 50代前半 | | |

と苦慮学級で比較しました（表2-1）。苦慮学級では1回の授業で平均17人が立ち歩いており，静かな授業環境であるとはとてもいい難いことがわかります。

教師の授業マネージメントを検討する際の分析指標として，教師の立ち位置（教壇前，机間巡視，両側），教師の介入の仕方（身体的介入，言語的介入，両方，無視），授業内の教師と児童の発話の4つを取り上げました。発話に関しては，先に挙げた授業の基本構造（I-R-E）において，授業のマネージメントに関わる部分は，子どもの応答（R）に対する教師の対応（E）であるため，児童の応答（5カテゴリ）およびそれに対する教師の対応（8カテゴリ）に関するカテゴリを作成しました（児童のカテゴリ：表2-2，教師のカテゴリ：表2-3参照）。

分析の結果，教師の立ち位置や教師の介入に関して苦慮学級と通常学級では差がないことが明らかになりました。学級の概要（表2-1）でもわかる通り，苦慮学級と通常学級では立ち歩きの人数も授業が中断される時間も圧倒的に苦慮学級の方が多いにもかかわらず，授業中の教師による机間巡視や子どもへの介入に関して両学級群で差が見られないことから，苦慮学級の教師は介入するべき場面において適切な介入をしていないことが予想されます。次に，授業内での児童・教師発話を検討しました。児童発話の検討結果は表2-2の通りです。

**表2-2　児童発話の特徴**

| | 応答 | 授業関連 | 連想的発話 | 授業無関連 | 拒否 |
|---|---|---|---|---|---|
| 苦慮学級 | 323▼ | 2713▼ | 146△ | 153△ | 47△ |
| 通常学級 | 373△ | 295△ | 113▼ | 73▼ | 0▼ |

$\chi^2=267.77$，$df=4$，$p<.01$，Cramer's $V=.25$

＊　△は残差分析の結果，他カテゴリーよりも1％水準で有意に多い項目

＊　▼は残差分析の結果，他カテゴリーよりも1％水準で有意に少ない項目

**表2-3　教師の児童への対応発話の特徴**

| | 名指し注意 | 間接的注意 | 否定 | 暗黙的否定 | 言い換え | 受け止め | 取り入れ | 無視 |
|---|---|---|---|---|---|---|---|---|
| 苦慮学級 | 15▼ | 73△ | 13△ | 35△ | 58 | 229▼ | 5 | 254△ |
| 通常学級 | 35△ | 31▼ | 2▼ | 4▼ | 39 | 488△ | 13 | 51▼ |

$\chi^2=293.41$，$df=7$，$p<.01$，Cramer's $V=.47$

＊　△は残差分析の結果，他カテゴリーよりも1％水準で有意に多い項目

＊　▼は残差分析の結果，他カテゴリーよりも1％水準で有意に少ない項目

通常学級の児童は応答や授業に関連した話題が多いのに対して，苦慮学級の児童は授業に関連のない話題や授業（教師）を拒否する発話が多いという結果でした。それに対して教師の児童への対応の検討結果は表 2-3 の通りです。通常学級の教師は，児童の発言などを受け止める関わりが多く，注意する際もしっかりと相手に伝わるかたちで注意する傾向（「名指し注意」）がわかります。それに対して苦慮学級の教師は，注意すべき時でも間接的な注意を多用したり，子どもの発言を否定，さらには無視したりする傾向にあることがわかります。このように，苦慮学級の教師は通常学級の教師に比べて，授業内での子どもの応答や発言に対して，否定（暗黙的否定）や無視といった子どもにとってネガティブな対応をすることが示唆されます。

これまで検討してきたように，通常学級と苦慮学級の教師では，子どもへの対応が大きく異なっていることがわかります。本来，介入するべき場面があったり，子どもの授業内での応答（反応）があったりした場合でも，否定だったり無視だったりというような対応をとっていることが，「授業の荒れ」に繋がっていると考えられます。

## 4. 新しい時代の授業において教師に求められるものは

従来の授業研究では教育内容や教育的意義といった“教育”部分に焦点化されて考察されることが非常に多くありました。確かに教育的な要素は教師が行う営為の中心であることは論を俟ちません。しかし，学校現場で行われている授業を考えた場合，教師の営為が“授業”であるためには，教師が授業をコントロールし，教師と子どもとの相互交渉がしっかりと機能していることが前提条件になります。そのために教師は授業中に教授内容（本時の課題）を子どもたちに伝えると同時に，授業を運営維持するためのマネージメントを行っているのです。本章ではこの教師の授業マネージメント部分について焦点化した研究の紹介をしました。検討の結果，授業内での教師の子どもへの対応が授業運営に影響を及ぼす可能性が明らかになりました。介入するべき場面において子どもとの関わりをもたないことが，授業が荒れて授業運営に困難をきたす重要な要因であることが示唆されました。

現在，学校現場は大きな変革の途上にあります。主体的で対話的で深い学びを促進するために，現場の教師はアクティブラーニングを行い，ICT を用いた授業を展開するなど，より多様な教育実践をすることが求められます。また2016 年の障害者差別解消法により，学校現場においても多様な児童生徒を受け入れるため合理的配慮が求められるようになりました。このように子どもたちの学びが多様化していくにつれて，教師による日々の授業実践は今まで以上の創意工夫が求められるようになり，それに比例するように子どもの授業内での Activity は増大していくことが予想されます。

では，本章の初めに提示した「新しい形式の授業と従来の一斉授業形式の授業とを比較した場合，教師に求められる技能は異なってくるのでしょうか」という問いの答えはどうでしょうか。一斉授業形式の授業においても，3節で検討したように荒れてしまう授業はあります。なぜ荒れてしまうのか，その原因となる要素は多様にあり簡単に答えを出すことはできませんが，本章では教師の子どもへの関わりからそのヒントを考えました。荒れているにもかかわらず，通常学級の教師と子どもへの関わり方に大きな差が見られなかったという結果は，授業内での適切な関係が授業運営に大きな影響を及ぼしているということです。今後，授業内での子どもの Activity が増大すればするほど，教師の柔軟で臨機応変な授業マネージメント能力が求められるといえます。

教師は自らの経験知・暗黙知に基づいて授業マネージメントを行っていることが推察されます。また，授業マネージメントがうまくいかなかった場合に，授業が立ちいかなくなったり，授業の成立が困難に陥る状況が現出されたりすることも示唆されました。今後は，より多様な実践の中で教師の授業マネージメントについての知見を積み重ねることが求められるといえます。

### ● 引用文献


Cazden, C. B. (1988). *Classroom Discours. The Language of Teaching and Learning.* Heinemann Portsmouth

Flanders, N. A. (1970). *Analyzing teaching behavior.* Addison-Wesley

岸　俊行 (2015). 一斉授業の特徴を探る：授業を観る，測る，考える　ナカニシヤ出版

岸　俊行・野嶋栄一郎（2006）．小学校国語科授業における教師発話・児童発話の分析―授業実践の記述の試み―　教育心理学会研究, *54*(3), 322–333.

河野義章（1988）．教師の親和的手がかりが子どもの学習に及ぼす効果　教育心理学研究, *36*, 161–165.

Mehan, H.（1979）. *Learning lessons: The social organization of classroom behavior.* Harvard University Press

文部科学省（2017）．中央教育審議会答申「新たな未来を築くための大学教育の質的転換に向けて―生涯学び続け，主体的に考える力を育成する大学へ」（平成 24 年 8 月 28 日）http://www.mext.go.jp/b_menu/shingi/chukyo/chukyo0/toushin/1325047.htm

文部科学省（2017）「新しい学習指導要領の考え方―中央教育審議会における議論から改訂そして実施へ―」http://www.mext.go.jp/a_menu/shotou/new-cs/__icsFiles/afieldfile/2017/09/28/1396716_1.pdf

野中陽一郎（2011）．授業中に小学校教師がとる姿勢の採取と分類に関する探索的検討　教育心理学研究, *59*, 450–461.

大河原　清（1983）．教師の言語行動に伴う身体動作が児童・生徒の学習に及ぼす影響　日本教育工学雑誌, *8*, 71–85.

澤本和子（2004）．学びとコミュニケーション　西之園晴夫・宮寺晃夫（編）　教育の方法と技術　ミネルヴァ書房

Wilkinson, L. C. & Calculator, S.（1982）. Effective speakers: Students' use of language to request and obtain information and action in the classroom. In L. C. Wilkinson（ed.）*Communicating in the classroom*. Academic Press

# 3章

# 非言語的行動から見えてくる授業の姿

## 1. 教師と児童生徒間のコミュニケーションはどのようにとらえられるのか

授業は，教育課程に基づき各時間の教育目標が設定され，教室という学習環境の場における教師と児童生徒間の複雑な相互作用の連続により，学びを一緒につくりあげていくものです。相互作用とは，双方向の様々な情報のやりとりともいい換えられ，情報の送り手と受け手は固定されたものではなく，適宜役割が交代します。教育目標に児童生徒を導くため，教師は児童生徒に必要な情報を教授伝達し理解を促す工夫をしています。一方，児童生徒は教育目標に必要な情報を吸収し，自身の考えなどを情報として教師に伝達するだけでなく，時として周囲の児童生徒と共に共有し学習を進めます。こうした教えと学びについて，坂元（1991）は，教授者から学習者への情報の掲示，学習者から教授者への働き返し，教授者から学習者へのお返しという三方向のコミュニケーション過程を基本としています。このことから，授業もコミュニケーションと考えることができるのです。

しかし，実際の授業をイメージすればわかると思いますが，授業における情報のやりとりは，教育課程に基づく各時間の教育目標に適ったものだけでなく，不意に発生するものや教室内でのルールに関するものもあるでしょう。例えば，児童生徒が誤答を発表し，周囲の児童生徒から冷笑が起こった場合を考えてみてください。教師が間違いのみを指摘し，冷笑を注意して授業を展開したとします。このことは，その後の教室内での発表や友人関係に影響するでしょう。しかし，教師が教育目標を一時中断し，児童生徒に間違いの理由を明確にできるよう努めれば違った見方や考え方を学ばせ，発表したことを認め教室内の友人を尊重するルールを具体的に学ばせるチャンスにもなります。すなわち，教育目標に到る過程では，授業という時間経過の中で様々な意味を有する情報がつくり出されます。そのため情報内容を広範にとらえようとする心がけが重要です。この点を留意しなければ，児童生徒からの働き返しの情報をミクロな教育目標の視点でしかとらえられず，一方的な情報伝達にしかならない可能性が生じます。つまり，コミュニケーションを「授業をつくる」という観点から整理すれば，教室における教師と児童生徒間による教育目標に到るために必要となる広範な情報のやりとりの連続といえるのではないでしょうか。

それでは，コミュニケーションを構成する情報のやりとりは如何にしてなされているのでしょうか。真っ先にイメージされるのは教師と児童生徒それぞれの発言内容を表す言語的行動だと思いますが，はたしてそれだけでしょうか。授業が巧みな教師は，必要に応じて声の大きさを変え，身振りを交えて発言内容の強調や補完をしています。例えば，大事なポイントは，ゆっくり大きな声で反復しながら読むだけでなく，発言に大きな身振りを伴って説明したことが経験的にもあるのではないでしょうか。また，児童生徒も言語的行動だけでなく授業を聞きながらあいづちをうち，視線を向けるなどの非言語的行動を示します。ケイスら（Keith et al., 1974）によれば，教室場面における情報伝達には，非言語的行動が言語的行動よりも重要であるとされています。

情報のやりとりを行う言語的行動や非言語的行動などの表現方法や身体部位は，チャンネル（channel）と呼ばれます。このチャンネルにより何らかの情報が送り出され（encoding）受け手に伝わり，受け手が当該のチャンネルから情報を読み取る（decoding）ことを考えてみてください。非言語的行動による送り出しと読み取りは言語的行動ほど情報内容や意図が明瞭でなく，無意図的に進められている場合が多いことに気づかれると思います。ババッド（Babad, 2005）は，従来の非言語的行動のトレーニングが実践家の経験的な考えに基づき，実証的な研究データによる教師の非言語的行動のトレーニングが遅れていることを指摘しています。このことは，経験だけでは情報のやりとりを構成する非言語的行動の限られた面しかとらえることができないことを意味しているのではないでしょうか。そのため，非言語的行動を学ぶことは，授業をつくることに資する新たな情報源を獲得し，コミュニケーションを豊かにする可能性をもつといえます。

## 2. 非言語的行動は授業の中でどのように示されるのか

### (1) 非言語的行動のとらえ方

非言語的行動のとらえ方には，チャンネルごとに分類するアプローチと機能に焦点を置き整理するアプローチがあります。ここでは，非言語的行動のチャンネルごとに分類をとらえていきましょう。河野（2009）によると，教室内の非言語的コミュニケーションのチャンネルが，①環境要因，②近接学，③動作学，④接触学，⑤身体的特徴，⑥準言語，⑦加工品という７つに整理されています。表3-1には，河野（2009）による整理と非言語的コミュニケーションから授業場面の研究対象を教師要因，児童生徒の要因，教室環境の要因から整理した大河原（1983）によるものとを対応させて示しました。

非言語的行動の学びが難しい理由は，それぞれのチャンネル内容に含まれる

**表3-1　教室内の非言語的コミュニケーションのチャンネル**
（河野，2009; 大河原，1983をもとに作成）

| 河野（2009）の整理 | | 大河原（1983）の整理 | |
|---|---|---|---|
| | 分類内容 | 要因 | 分類内容 |
| 環境要因 | 教室の広さ，明るさ，色調，温度，騒音，教材・教具など | 教室環境 | 教材，視聴覚メディア，教室の大きさ，授業人数の大きさ |
| 近接学 | 机の配置，教師の位置，教師の体の向き，机間巡視の順路など | 教室環境<br>教師<br>児童生徒 | 座席の配置<br>対人距離<br>（机間巡視） |
| 動作学 | 姿勢，身振り，表情，視線など | 教師<br>児童生徒 | 身体動作<br>（主に目，首，指，手の動き） |
| 接触学 | 手を握る，手をとる，抱き合う，肩にふれる，頭をなでる，尻をたたくなど | 教師<br>児童生徒 | 接触行動 |
| 身体的特徴 | 容貌，体型，毛髪，皮膚の色など | 教師<br>児童生徒 | 身体的特徴<br>（性別，年齢，身長，体臭，口臭，皮膚の色など） |
| 準言語 | 声の大きさ，高さ，速さ，抑揚，休止など | 教師<br>児童生徒 | 準言語<br>間合い |
| 加工品 | 服装，装飾品，めがね，香料など | 教師<br>児童生徒 | 人工品<br>（眼鏡，香水，口紅，衣類など） |

ものが数多く，定義が明確でないことが挙げられます。そのため，しっかりととらえようとした場合，各チャンネルのとらえ方に個人差が伴うことになるでしょう。例えば，一口に姿勢や表情といっても様々なバリエーションがあることに気づかれるのではないでしょうか。加えて，仮に単一のチャンネルとして非言語的行動を分類することはできたとしても現実には姿勢や身振りなどの身体動作や準言語といった複数のチャンネルが相互に組み合わさり統合的に示されます。そのため，授業をつくることに資するためには，注目したい非言語的行動が授業の中でどのように示されているのか，実態に沿いながらチャンネル定義をより細かく厳密に決めてみる，あるいは複数チャンネルによってどのように示されているのかを新たにとらえなおして検証することも有効といえるでしょう。

### (2) 授業における非言語的行動の実態

ｅラーニングなどの活用は，教室における対面授業と異なる様式をもたらしました。しかし，授業の基本様式は，教室で教師と児童生徒が対面してのものといえます。こうした授業における非言語的行動の実態について，姿勢，視線，立ち位置に関して定義を厳密に検証した内容を見ていきましょう。

野中（2011）は，身振りも姿勢の一形態に位置づけ，１秒以上持続する身体各部の相対的位置関係としてとらえられる体位を姿勢の基準と明確にし，授業時間すべてを対象とした観察から小学校教師の 699 種類の姿勢を採取するだけでなく，姿勢としての形態と教授活動に関する機能の類似性から有用性を伴う 50 種類の姿勢クラスターを見出しています。伊藤・関根（2011）は，教師と児童それぞれに視線カテゴリーを設定し，発問に対して児童が発表する話し合い場面が３分以上出現したものから最初の３分間分を対象に１秒ごとに映像のコーディングを行い，教師には発言する児童を頻繁に見る，発言しない児童を頻繁に見る，黒板を頻繁に見るといった３つのスタイルがあること，児童には１年生では教師，５年生では黒板に頻繁に視線を向け，３年生では教師に視線を向ける頻度が低いことを見出しています。岸（2015）は，教師の立ち位置を教卓後方から撮影し授業を 10 秒ごとに区切ったデータから，教室空間を前方と後方に２分割し，前方は左右と教卓のある中央の３ケ所，後方は左右の２ケ所の総計５ケ所のどこにいるかコーディングを行い，教卓の中央を除き４ケ所で教師の立ち位置の時間に差異が生じることを示しています。これらの研究は，授業中の教師や児童生徒による非言語的行動の実態をとらえる指標になると同時に，特定の視点から実態を明らかにしたに過ぎないともいえます。そのため，一人ひとりの教師が，こうした非言語的行動の実態を土台にチャンネル定義をさらに考えてみるだけでなく，どのような非言語的行動の送り出しによりどのような読み取りがなされているのかという機能の検証も必要といえるでしょう。

## 3. 非言語的行動は授業の中でどのような機能をもつのか

### (1) 教師による非言語的行動の機能

非言語的行動は，言語的行動の内容の強調や補完だけでなく，矛盾した意味を伝える場合もあります。例えば，「良くできたね」と言いながら険しい表情を見せてしまったら，時として言語的行動の意味を上回る機能を有します。それでは，非言語的行動は授業の中でどのような機能を有するのでしょうか。ここでは，教師による非言語的行動の機能をとらえていきましょう。

教師による非言語的行動の機能は，教師期待や直接性（immediacy）を伝えるものと考えられています。直接性は，教師と児童生徒間の身体的・心理的距離を縮減するもの，すなわち親密さを伝えるものといえます。親密さを伴う教師行動の研究は，1970年代後半から非常に多く実施されています。全体として見ると，親密さを伴う教師の非言語的行動は，児童生徒の教師に対する好意的な態度，学習に対する興味，授業参加や積極的な取り組みなどにつながること，実際の学習成績などにはあまりつながらないことが明らかにされています（Witt et al., 2004）。つまり，親密さを伴う教師の非言語的行動は，授業における児童生徒の興味や態度などの情意面を育むといえるでしょう。また，親密さを伴う教師の非言語的行動を測定する尺度開発もなされ，リッチモンドら（Richmond et al., 1987）による14項目は日本を含む国際比較でも活用されています。これらの項目は，教師の立ち位置，視線の向き，姿勢，ジェスチャー，表情，タッチ，声といった非言語的行動について，親密さを伝える機能の面から評定できるといえます。

親密さを伴う教師の非言語的行動は，授業をつくる上で有効な視点になると思います。しかし，教師の非言語的行動は，親密さを伝える単一機能だけではありません。親密さだけでなく状況によっては，学級をとりまとめるために，時として注意や支配性を伝えることも必要になるでしょう。また，授業における教師と児童生徒の関係は，１回きりのものではなく，何回も回数を重ねていくものです。そのため，教師の非言語的行動が急に１回変わっただけでは，教師の普段と違う様子から何かを察するかもしれませんが，あまり効果を期待できないと思います。そのため，非言語的行動の機能を多面的にとらえ，児童生徒から教師自身の非言語的行動がどのように見られているのかに常日頃から敏感になることが重要といえるでしょう。

### (2) 児童生徒による非言語的行動の機能

教師は，授業での発問を介して児童生徒の考えや理解状態を言語的行動からとらえようとします。しかし，大勢の児童生徒一人ひとりの言語的行動から確認していたのでは，授業時間内に様々な展開ができません。そのため，教師は，授業を中断することなく児童生徒の非言語的行動からその都度，児童生徒の状態を読みとっています。ここでは，児童生徒による非言語的行動の機能を理解度あるいは授業参加・課題従事を伝えるものとしてとらえていきましょう。

有馬（2015）は，小学校教師に対して，「授業中の児童の理解状態を読みとる場合に，どのような身振りや表情を手掛かりにするか」をよく理解している時と理解していない時の２場面に分けて自由記述により回答を求め，理解度を読みとる非言語的行動を調べました。その結果，視線，目，姿勢，表情，身振り，発表，作業，対人，全体といった９つの視点とそれぞれに含まれる具体的な非言語的行動が２場面ごとに整理されています。しかし，具体的な非言語的行動を見てみると，「目が輝いている」，「あててほしそうな顔をする」といった解釈が難しいものもあります。また，「手遊びをする」といった非言語的行動は，理解はしているが課題を早くに終えてしまったことを伝えているかもしれないため，授業の時間経過の中で意味が異なるものとなります。つまり，非言語的行動の定義の難しさと時間経過による意味の変化に留意する必要があるといえるでしょう。こうした中，測定技術の進展に伴い，児童生徒の脳波や視線行動，表情解析，身体やペンの振動といった生体情報を厳格に検出・計測できるようになってきました。山森・伊藤・中本・萩原・徳岡・大内（2018）は，児童の活動中の身体の揺れの周波数を3軸加速度計により計測し，授業の時間経過の中で児童に生起する種々の行動ごとに周波数の範囲を示しています。この種の研究は，活用方法を工夫すれば，尺度や観察法と異なり実際に当該行動をとっているかを示す明確な指標として授業をつくることに還元できるといえるでしょう。

児童生徒による非言語的行動の機能を扱った研究は，数少ないといえます。このことは，学びの主体である児童生徒にどう教えればいいのかという教師側に重きが置かれ，児童生徒全員に着目することの難しさも影響した結果，研究がなおざりになってきた可能性が考えられます。今後は，児童生徒による非言語的行動の機能を授業文脈や実態に応じて検証する必要もあるでしょう。

## 4. 非言語的行動を手がかりに「授業をつくる」には

### (1) 非言語的行動の測定方法とトレーニングの立ち位置

非言語的行動の学びについて，授業をつくる手がかりとして活用できるように，より踏み込んで考えていきましょう。例えば，教師の非言語的行動を測定尺度に基づき児童生徒や他の教師に評定してもらい，その結果から自身の非言語的行動を見つめ直すことが考えられます。また，自分自身のイメージと実態を比較することも考えられます。もちろん，授業中の非言語的行動の実態をとらえるには，妥当かつ適切に測定することが重要です。荒川（2005）は，非言語的行動の中でも身振り研究の動向から記録および再現のため測定方法を5つに分類すると同時に映像データの分析用援助ソフトを示しています。非言語的行動は，定義や解釈の難しさだけでなく，再現して可視化すること，データ化やその後の分析手法にも難しさを伴います。そのため，こうした援助ソフトを活用する視点は重要です。

教師の学びにおける省察の重要性が指摘されて以降，教師の認知過程を想起する上でビデオカメラによる授業映像を再生刺激として活用する取り組みもなされています。簡単にいえば，ある行為の様子をビデオカメラに撮影し，その後映像を再生し，映像に写っている行動について，その背後にある意図や思考を語ってもらう手法のことです。こうした手法を援用し，教師の非言語的行動に特化して検証してみる意義は大きいと思います。もちろん，撮影前に何を目的とし，どの非言語的行動に着目するかを明確に定めておくことが重要です。そうしなければ，撮影する焦点がぼやけ，無駄なものとなってしまう可能性もあります。また，目的によって，測定時間をどうするかの判別もつくことになるでしょう。

授業研究会などでは，これまでにも映像データが活用されています。しかし，話題の中心は言語的行動だったことが多いのではないでしょうか。その理由として，教師だけでなく児童生徒の非言語的行動の意味についての理解が十分でなかったことが指摘できると思います。そのため，非言語的行動からあらためて自分自身の授業をとらえなおしてみる価値はあるのではないでしょうか。

一方，非言語的行動の知識を認識するだけでは，送り出しに課題が残ります。授業を対象とした研究ではありませんが，大坊ら（2017）は，読み取りは知識を獲得することが有効である一方，送り出しには知識が有効でないという結果を示しています。この理由としては，読み取りという個人内の認知過程と異なり，送り出しは時間的な制限や緊張から知識をもってもすぐに活かしきれない可能性が考えられます。現実の授業を考えてみても，親密さを送り出そうとしても緊張など他の要因のため上手く非言語的行動に反映できないことは経験的にうなずけるのではないでしょうか。そのため，児童生徒側の非言語的行動についての知識を深め，授業に活用することの方が即効性の視点からは有効といえます。

### (2) 授業における非言語的行動の未来予測

現在，ビックデータの収集技術の発展，ビックデータから意味のある特徴を導き出すディープラーニングという機械学習アルゴリズムの開発が活発化しています。このような流れは非言語的行動をとらえる上で大変興味深いものです。例えば，児童生徒の理解状態を示す大量の非言語的行動の画像から，画像に含まれる共通の特徴を見つけ，目新しい児童生徒の非言語的行動の理解状態を判断することができるでしょう。しかし，定式化された特徴自体に固有の意味を見出し活用するのは，あくまで授業をつくる人間側に課せられることだと思います。また，複数のチャンネルで得られる情報を統合し，人間がコミュニケーションを通じて形成する社会性を理解・計算する技術として社会的信号処理（Social Signal Processing）というものがあります（Vinciarelli et al., 2009）。今後は，新技術も援用し，チャンネルの再構築や機能を実践者と研究者の連携により広範にとらえ，授業の姿を非言語的行動の観点から見なおすことが重要といえます。こうした取り組みが，今までにない授業を非言語的行動からつくりあげていくことになるでしょう。

### ● 引用文献


荒川　歩（2005）．映像データの質的分析の可能性―mivurix（ミブリックス）による指折り行動の分析から　質的心理学研究, *4*, 66-74.

有馬道久（2015）．児童の非言語的行動を手掛かりとした教師による理解度の読み取りに関する研究　広島大学博士論文

Babad, E. (2005). Nonverbal behavior in education. In J. Harrigan, R. Rosenthal, & K. Scherer (Eds.), *The new handbook of methods in nonverbal behavior research*. (pp. 283-311) Oxford: Oxford University Press.

大坊郁夫・小川一美・藤原　健・朴　喜静・毛　新華（2017）．対人場面における適切な非言語コミュニケーション研究　モチベーション研究, *6*, 49-72.

伊藤　崇・関根和生（2011）．小学校の一斉授業における教師と児童の視線配布行動　社会言語科学, *14*, 141-153.

Keith, L. T., Tornatzky, L. G., & Pettigrew, L. E. (1974). An analysis of verbal and nonverbal classroom teaching behaviors. *Journal of Experimental Education*, *42*, 30-38.

岸　俊行（2015）．一斉授業における教師の教授行動の特徴とそれが授業の雰囲気に及ぼす影響の検討　福井大学教育地域科学部紀要, *5*, 197-211.

河野義章（2009）．子どもの非言語的振る舞いの中に何を読みとるか　教育と医学, *57*, 27-32.

野中陽一朗（2011）．授業中に小学校教師がとる姿勢の採取と分類に関する探索的検討　教育心理学研究, *59*, 450-461.

大河原　清（1983）．教師の言語行動に伴う身体動作が児童・生徒の学習に及ぼす影響　日本教育工学雑誌, *8*, 71-85.

Richmond, V. P., Gorham, J. S., & McCroskey, J. C. (1987). The relationship between selected immediacy behaviors and cognitive learning. In M. McLaughlin (Ed.), *Communication yearbook* 10, (pp. 574-590). Newbury Park, CA: Sage.

坂元　昂（1991）．教育工学　放送大学教育振興会

Vinciarelli, A., Pantic, M., & Bourlard, H. (2009). Social signal processing: Survey of an emerging domain. *Image and Vision Computing, 27*, 1743–1759.

Witt, P. L., Wheeless, L. R., & Allen, M. (2004). A meta-analytical review of the relationship between teacher immediacy and student learning. *Communication Monographs, 71*, 184–207.

山森光陽・伊藤　崇・中本敬子・萩原康仁・徳岡　大・大内善広（2018）．加速度計を用いた小学生の授業参加・課題従事行動の把握　日本教育工学会論文誌, *41*, 501–510.

# 4章

# 学習成果を高める効果的な介入としてのフィードバック

## 1. 学習の状況，成果，見通しを示すことで学習成果は高まるのだろうか

練習問題を解き終わったら先生が机の傍らで丸をつけてくれる。正誤と得点が朱書きされた答案用紙を先生が戻してくれる。このような，教室で日々見られる教師の振る舞いが学習者に与える影響を検討することは，教育心理学の重要な研究課題の1つです。

丸付けや，採点済みの答案を戻したりすることなどを，フィードバックと呼びます。もとは，出力の一部を入力側に戻す電気回路で機械を制御する仕組みのことを指すものです。これが学習指導の場面に比喩的に当てはめられ，学習の状況を学習者自身に示すことという意味で用いられるようになりました。学習の状況を教師が学習者自身に示すことの目的には，誤りを修正することと，学習を促進することが挙げられるでしょう。両者に共通しているのは，示された情報を学習者自身が学習の改善や能力の向上に用いる，という点です。

このように用いられるフィードバックは，形成的評価の一側面であるといえます。形成的評価とは，評価者である教師が指導を，あるいは被評価者である学習者が自身の学習を改善するために結果を用いる評価のことと一般的に定義されているためです。

先行研究では，フィードバックが学習成果に与える影響は大きいという知見が多く得られています。例えば，実験的研究をレビューしたブラックとウィリアム（Black & Wiliam, 1998）は，フィードバックを受けた学習者の学習成果は，そうではない者と比較すると，多くの場合0.4から0.7標準偏差分高く，様々な教育的介入の方法の中でもとりわけ効果が大きいといった知見が得られているとまとめています。なお，標準偏差を単位とした分布のずれを示す指標

は，効果量 $d$ と呼ばれます。例えば $d=1.00$ の場合には2群の間での分布のずれは1標準偏差分であるということです。学校でよく用いられる指標の1つに偏差値がありますが，偏差値でいうならば，$d=1.00$ の場合の2群の平均偏差値の差は10，$d=0.50$ でその差は5となります。

また，フィードバックの効果を検証した様々な研究を系統的に収集して，各々の研究で示された効果を統合して平均的な効果を求めるメタ分析（メタ分析についての詳細は岡田・小野寺（2018）を参照）を行った代表的な研究を挙げると，以下のようなものがあります。バンガート－ドラウンズら（Bangert-Drowns et al., 1991）が行った，練習テストの結果のフィードバックの効果に関するメタ分析の結果では平均効果量は $d=0.21$ であることが示されています。クルーガーとデニシ（Kluger & DeNisi, 1996）が行った，「ある人の課題達成の諸側面に対して別の人が何らかの情報を与えること」と定義した上でのフィードバックの効果に関する実験的研究の結果のメタ分析の結果では，平均効果量は $d=0.41$ でした。

これら2つのメタ分析の結果は，平均効果量は正であるもののそれほど大きいとはいえないでしょう。ただし，両方の研究が指摘しているのは，メタ分析の対象とした一次研究で示された各々の効果量のばらつきが大きいという点です。例えば，バンガート－ドラウンズら（Bangert-Drowns et al., 1991）が対象とした一次研究の効果量の範囲は，$d=-0.83$ から1.42でした。このようなばらつきが見られることは，フィードバックが学力に与える影響は，その方法や与える情報の種類などによって異なることを示唆しています。

## 2. どのようなフィードバックが学習成果を高めるのだろうか

### (1) 誤りの修正

教科書の練習問題や確認テストなど，テストに類似した様式の課題に取り組むことは，教科書を再読することに代表される再学習と比べて学習成果に与える効果が高いことが明らかとなっています。例えば，アデソープら（Adesope et al., 2017）によるメタ分析の結果では，練習テストに取り組むことは練習テストも再学習も行わないことと比べて効果が高く（$d=0.93$），教科書の再読をはじめとした再学習と比べても効果が高い（$d=0.51$）ことが示されています。

このような効果は，テスト効果と呼ばれており，単に教科書を読んだりすることと比べて学習内容が定着しやすいことが知られています。テストに類似した様式の課題に取り組む際には，過去に学習した内容を長期記憶の中から検索し処理を行うことで解答するといった，検索練習（retrieval practice）がなされるために効果が高いと考えられているのです（Roediger & Karpicke, 2006）。

一方で，テストに類似した様式の課題に対して誤答した場合はどうでしょうか。例えば，次のような実験結果があります。ローディガーとマーシュ（Roediger & Marsh, 2005）は大学生を対象に，教材文を読ませ，多肢選択項目による事前テストを実施し，事前テストと同じ出題内容の短答項目による事後テストを実施するという実験を行いました。この実験結果のうち事後テストの誤答を分析した結果，その75％が事前テストで誤って選択した選択肢の内容を解答として記述していることが示されました。この知見が示唆するのは，教科書の練習問題や確認テストでは，再学習などと比較して深い処理がなされる分，誤りもまた定着しやすいため，誤りは正誤や正答をフィードバックして修正する必要があるということです。

### (2) 正誤・正答・説明のフィードバック

教師が学習の状況を学習者自身に示す場面は様々ですが，代表的なものの1つに，採点済みの答案用紙を戻すという場面が挙げられるでしょう。マル，バツ，点数が朱書きされたものを渡されるだけという場合もあれば，答案用紙と一緒に正答表が渡されたり，誤答者の多い項目について解説されたり，といった場合もあるでしょう。

フィードバックの効果を種類別にメタ分析を行った研究では，次のようなことが明らかとなっています。バンガート－ドラウンズら（Bangert-Drowns et al., 1991）は，フィードバックなしと比較した場合，正誤（マル・バツを付ける）フィードバックの学習成果に対する効果は$d=-0.08$，正答は$d=0.22$，説明が$d=0.53$であることを示しています。この結果から，誤りを修正する必要はあるものの，正誤をフィードバックするだけでは効果は見込まれず，誤

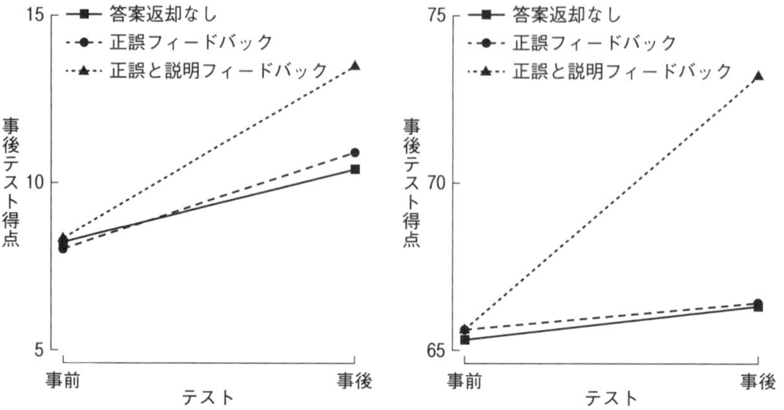


(a) 小6国語・漢字　(b) 小6関数・割合

**図4-1　答案返却方法による事前・事後テスト得点の違い**

（橋本，1956の結果の一部を抜粋し筆者が作図）

りに対する正答を示すことの方が効果が高く，さらに正答を導くための説明や解決のための方法および着眼点を示すことがより効果が高いといえます。

同様の結果は日本で行われた実験研究でも明らかとなっています。橋本（1956）は，テスト答案の返却方法の違いが学習成果に与える影響を検討するために，一定時間の指導の実施後にその内容に関するテストを行い，その翌日の答案返却において異なる処遇を与え，さらに2日後に事後テストを実施する実験を行いました。この結果の一部を示すと図4-1の通りとなります。小学校第6学年国語の漢字書き取り，算数の割合の学習ともに，事前テストでは3群ともほぼ同じ得点です。また事前テストと比べて事後テストの得点が高い傾向も見られます。しかし，答案返却なし群と正誤フィードバック群との間には違いがほぼ見られません。一方，正誤と説明のフィードバックを与えられた群は，事前テストから事後テストへの得点の伸びも大きく，事後テスト得点は他の2群と大きく異なります。

### (3) 達成目標と実現状況の提示

正答や説明を与えることは，主として誤りを修正することを目的としたフィードバックであるといえるでしょう。教師が学習の状況を学習者自身に示すことのもう1つの目的に，学習を促進することがあることを，先に指摘しました。こうした目的のためのフィードバックとして，「何ができるようになるとよいか」といった達成目標と，達成目標に対して「どの程度のことができるようになったのか」といった実現状況を示すことが挙げられます。

「めあて」や「ねらい」といった呼ばれ方で，単元のはじめや授業の冒頭に教師が達成目標を示すことは多く行われていると考えられます。この点に関して，ヌーバート（Neubert, 1998）によるメタ分析の結果では，達成目標を設定しただけの場合と比べて，達成目標の設定に加えて設定された目標に対する実現状況がフィードバックされた方が学習成果に与える効果が高く，その平均効果量は $d=0.63$ であったことが示されています。

筆者が行った調査でも，同様の結果が得られています。山森（2018）は，小学校100学級の児童を対象に，第5学年と第6学年開始前後の間での国語の学力偏差値の推移を，1年間での単元開始時の機会のうち半分程度以上で達成目標を提示し，かつ単元テスト返却時の機会のうち半分程度以上で達成目標に対する実現状況の個別提示が行われた学級と，それ以外の学級とで比較を行いました。その結果は図4-2の通りとなり，1年間の授業での達成目標の提示と達成目標に対する実現状況のフィードバックの頻度が高いことが，長期的な学力の推移に正の効果を与え，1年間で学力偏差値が1.67の差となることが示されました。

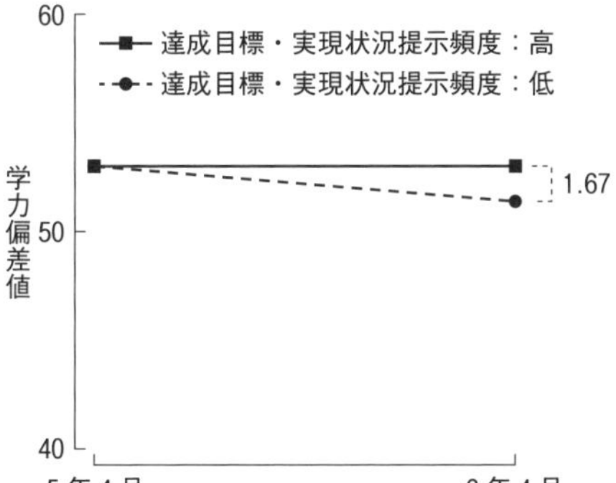


**図4-2　達成目標・実現状況提示頻度による学力偏差値推移の違い**
（山森，2018）

## 3. 効果的なフィードバックはなぜ学習を促進するのだろうか

ここまで議論してきた内容をまとめると，教師が学習の状況を学習者自身に示す際には，正誤よりも正答を示すことが，正答よりも説明を与えることが，また，達成目標と実現状況を示すことが効果的であるといえるでしょう。以下ではこれらの効果の背景を，認知負荷と自己調整学習の理論から検討します。

課題解決を行う時には，自身が記憶していることや，外部から得た情報を組み合わせたり，つないだり，選んだりといった処理が伴います。このような認知処理が行われる領域のことを作動記憶（ワーキングメモリ）といいます。また，作動記憶にかかる負荷を認知負荷といいます。

認知負荷理論（Sweller, 1988）では，認知負荷は不適切な指導の手続きに起因する外在的負荷，課題の複雑さや難しさに起因する内在的負荷，課題解決そのものに必要な負荷である課題関連負荷の，3種類の負荷に分けられると仮定しています。そして，外在的負荷や内在的負荷が多くなり，3種類の負荷の累計が作動記憶の容量を圧迫すると，課題解決に支障が生じると考えられています。

例えば，誤答であるというフィードバックだけでは，何が正答かがわからないまま正答の導き方を考える必要があります。一方，正答をフィードバックされれば，学習者が正答を導くための方法を考えたり，自身の知識を修正したりといったことが行いやすくなります。正答フィードバックを受けることで，外在的負荷を減じ，作動記憶に余裕をもたらし，認知処理がしやすくなると考えられるのです。説明をフィードバックすることもまた，認知負荷の低減に寄与すると考えられます。すなわち，学習者がより考えやすくなるものが，効果的なフィードバックであるといえるでしょう。

また，学習を首尾よく進める学習者は自己調整的であると考えられています。学習者が学習課題に取り組む際に，メタ認知を働かせ，努力を振り向け，自ら行動を起こすという一連の流れを能動的に起こし持続させていくことを自己調整学習と呼びます（Zimmerman, 1986）。そして，自己調整的に学習を進めるにはフィードバックが不可欠であることが指摘されています（Butler &

Winne, 1995)。

正答を導くための説明をフィードバックされることで，学習者は自身の行動をモニタリングしやすくなると考えられます。また，達成目標と実現状況を示されることで，学習者は見通しをもち，次に取り組むべきことが考えやすくなるといえるでしょう。このようなフィードバックは，学習者が自己調整的に学習に取り組みやすくなるため，学習の促進に寄与すると考えられるのです。

## 4. 効果的と考えられるフィードバックはすべての教室で実現可能なのだろうか

ここまで，効果的なフィードバックに関する知見と，その理論的背景について議論してきました。しかし，効果的なフィードバックはあらゆる教室で実施可能とはいいがたいようです。フィードバックの実施のしやすさは教育条件，例えばクラスサイズなどにも左右されると考えられます。

山森（2014）が，小学校502学級の第3，4学年の学級担任を対象に調査を実施し，教職経験年数10年以下の学級担任について，授業中に児童が個別に課題に取り組む際の，課題を解決するための考え方や正誤の理由を示すことの頻度とクラスサイズとの関係を分析した結果は図4-3の通りでした。この結果が示唆するのは，効果的なフィードバックの1つと考えられている，説明を与えることは，クラスサイズが大きくなるほど実施しにくくなるということです。

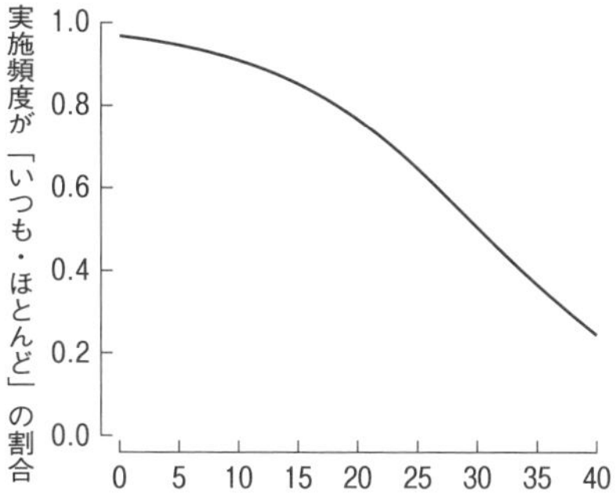


**図4-3　授業中に児童が個別に課題に取り組む際の課題を解決するための考え方や正誤の理由を示すことの頻度とクラスサイズとの関係**
（山森，2014の結果の一部を抜粋し筆者が作図）

学校でのあらゆる教育的介入は既に決められた条件のもとで行われるものです。ここで挙げたクラスサイズをはじめ，教室の広さ，用意されている教具，習熟度別指導の実施有無といった教育条件は，教師自身がコントロールすることはできません。

それでも，先に検討したように，正誤を示すよりは正答を示す方が効果的であるといった知見を踏まえると，学習者に答案用紙を戻す際には，単にマル，バツ，点数を朱書きするだけでなく，正答を示すようにする必要があるといえるでしょう。説明フィードバックはさらに効果的であるものの，クラスサイズなどの条件によって実施が難しくても，答案用紙の返却の際には一人当たりの時間を多めにとって，その後の学習に取り組みやすくなる程度の説明を与えるといった工夫を試みてもよいでしょう。

様々な知見を参考にしながら，与えられた条件下での指導方法の選択と組合せ，学習者の実態に合わせた介入実施の有無といった判断を合理的にすることこそが，専門職である教師の役割ではないでしょうか。一方，実験室に代表される統制のとれた条件下で行われた研究で示された，様々な介入の効果の大きさは，種々の調整変数によって変動すると考えられます。教室の状況をはじめとした教育条件による指導方法の効果の違い，すなわち，介入の効果に対する調整変数の働きを明らかにすることは，教育心理学の研究課題の1つといえるでしょう。

### ● 引用文献

Adesope, O. O., Trevisan, D. A., & Sundararajan, N. (2017). Rethinking the use of tests: A meta-analysis of practice testing. *Review of Educational Research, 87,* 659–701.

Bangert-Drowns, R. L., Kulik, C. C., Kulik, J. A., & Morgen, M. (1991). The instructional effect of feedback in test-like events. *Review of Educational Research, 61,* 213–238.

Black, P., & Wiliam, D. (1998). Inside the black box: Raising standards through classroom assessment. *Phi Delta Kappan, 80,* 139–148.

Butler, D. L., & Winne, P. H. (1995). Feedback and self-regulated learning: A theoretical synthesis. *Review of Educational Research, 65,* 245–281.

Fuchs, L. S., & Fuchs, D. (1986). Effects of systematic formative evaluation: A meta-analysis. *Exceptional Children, 53,* 199–208.

橋本重治（1956）．答案返却の方法が学習成果に及ぼす影響の研究　教育心理学研究, *3*, 14-24.

Kluger, A. N., & DeNisi, A. (1996). The effects of feedback interventions on performance: A historical review, a meta-analysis, and a preliminary feedback intervention theory. *Psychological Bulletin, 119*, 254-284.

Neubert, M. J. (1998). The value of feedback and goal setting over goal setting alone and potential moderators of this effect: A meta-analysis. *Human Performance, 11*, 321-335.

岡田　涼・小野寺孝義（2018）．実践的メタ分析入門　ナカニシヤ出版

Roediger, H. L., & Karpicke, J. D. (2006). The power of testing memory: Basic research and implications for educational practice. *Perspectives on Psychological Science, 1*, 181-210.

Roediger, H. L., & Marsh, E. J. (2005). The positive and negative consequences of multiple-choice testing. *Journal of Experimental Psychology: Learning, Memory, and Cognition, 31*, 1155-1159.

Sweller, J. (1988). Cognitive load during problem solving: Effects on learning. *Cognitive Science, 12*, 275-285.

山森光陽（2014）．学級規模の大小とフィードバックの実施状況―小学校第３・４学年国語の場合―　日本教育心理学会第56回総会発表論文集, 389.

山森光陽（2018）．フィードバックの種類・頻度と一年間の学力偏差値の推移　日本教育心理学会第60回総会発表論文集, 656.

Zimmerman, B. J. (1986). Becoming a self-regulated learner: Which are the key subprocesses? *Contemporary Educational Psychology, 11*, 307-313.

# 5章

# 子ども同士の学び合いを生み出す授業

## 1. 人と対話すると，なぜ思考が深まるのか

### (1) 人との対話が思考を深めるメカニズム

新学習指導要領（平成29年告示）の授業改善のキーワード「主体的・対話的で深い学び」を受け，学校現場では小グループなどの学び合いを取り入れた授業実践を多く見かけるようになりました。しかし，グループで学習をすれば，それで「主体的・対話的で深い学び」が生み出されるわけでは，もちろんありません。ここでは，まず他者と対話することが，なぜ思考を深めることにつながるのかを考えます。

他者の存在によって，人は自分の頭の中で考えていたことを言葉にして表現する必要が生じます。この言葉にするという作業により，自分の中の曖昧だった思考がかたちになろうとします。これが個人内思考の外化です。しかし，自分の中にある思考を，最初から明確に言語化できるとは限りません。ここで大切な役割を果たすのが，他者からの質問や意見などのフィードバックです。これに答えようと対話を繰り返す中で，次第に自分の思考が整理されはっきりしてきます。このように，他者の存在や他者との対話が，一人では到達できないところまで，個人の思考を深める役割を果たすのです（図5-1）。

### (2) 思考深化の3つのプロセス

他者との対話による思考深化のプロセスには，様々な種類があります。例えば，ウェッブ（Webb, 2009）は，これを3つの視点から説明しています。第1のピアジェ（Piaget, 1932）的視点では，自分の考えと他者の考えとの間で感じる認知的葛藤が，自分の考えを見つめなおし，対立する立場を両立させる

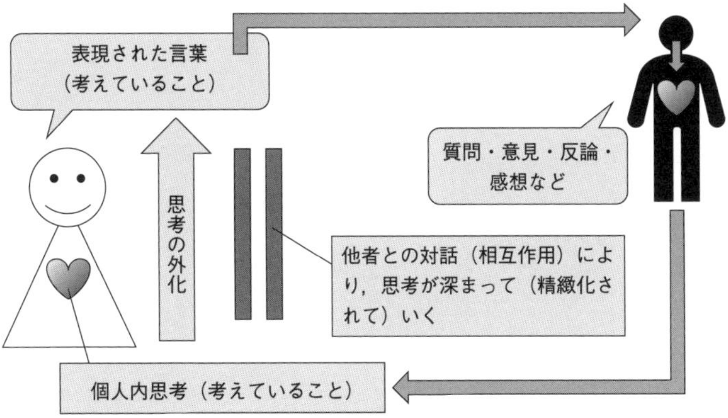


図 5-1　人との対話が思考を深めるメカニズム

ために追加情報を求め，新しい考えを導くプロセスを説明しています。第2のヴィゴツキー（Vygotsky, 1978）的視点では，能力の低い者が，より熟練した者の支援（足場かけ）によって，一人で実行できなかった課題を実行できるようになり，新しいスキルおよび知識が獲得されるとしています。第3の認知的精緻化の視点では，互いの提案を認識し，明確化・訂正・追加・構築・関連づけすることにより，グループメンバーが開始時に有していなかった知識および問題解決方略を，共同で構築できるとしています。

### (3) 学習課題による思考深化のプロセスの違い

学び合いによる思考深化のプロセスは，その授業の学習課題によって異なります。教師は課題達成に向けて，授業の中でどのように子どもたちの思考を深めていくか（＝どのような思考深化のプロセスを子どもたちに辿らせるか）をまず考える必要があります。思考深化のプロセスというとわかりにくいかもしれませんが，要は学び合いの場面における子どもたちの話し合いを，具体的な対話のかたちにして考えればよいのです。

図 5-2 は，1―(2) の3つの思考深化のプロセスの特徴に基づき名前をつけ，授業場面における対話例にして示したモデルです。子どもたちから生み出したい対話を具体的に思い描くことで，教師は自分がどのように子どもたちの思考を深めようとしているのか（＝思考深化のプロセス）を，自覚的にとらえるこ

A.「そんなわけないじゃん」モデル

○学習場面

小学校５年生　理科　「物の溶け方」

学習課題：100ｇの水に10ｇの食塩を入れて溶かした水溶液の重さを予想しよう。

T（食塩を溶かした水溶液を児童に提示）この水溶液の重さを予想して，班で話し合いましょう。

A 僕は 110ｇ だと思います。水と食塩を合わせた重さになるからです。

B 僕は 100ｇ だと思います。食塩の重さは計算しないからです。

C 僕も110ｇよりは少なくなる気がします。

A どうして食塩の重さを計算しないんですか。

B 食塩がなくなるからです。

A 食塩がなくなるって，どういうことですか。

B 溶けて，つぶが見えなくなるでしょ。そういうのを水溶液っていうって勉強したじゃないですか。

A 見えなくても，食塩はこの中にあると思います。

B なくなります。

A この水飲んだらしょっぱいですよね。

B 飲めないのでわかりません。

A ……

C でも，紅茶とかに砂糖を入れたら甘くなるよね。

B う〜ん。確かに。

C 砂糖も見えなくなるけど，溶けて水の中にあるから甘いんじゃないかな。

A そうそう，食塩もなくなったんじゃなくて，溶けているだけで，見えなくてもあるんですよ。

B う〜ん。でも見えないんだから，重さはちょっとは減るんじゃないかな。

C 僕もちょっとは減る気がします。

(〜「では実験して確かめてみよう」という流れに)

B.「目から鱗」モデル

○学習場面

小学校３年生　総合的な学習の時間

「自分たちの地域じまん たんけんたい」

学習課題：各グループで調べてきた「自分たちの地域じまん」を地域の方に発表しよう。

(各グループの発表が終わって)

T みんなよく調べてきたね。では各グループの発表を聞いて，感想を発表してもらいましょう。

C1 発表を聞いて，地域じまんがよくわかりました。

C2 みんなの発表がすごく上手だったと思います。

C3 もっとたくさんの地域の人に知らせたいです。

C4 みんな，とってもよく頑張ったと思います。

T それでは，発表会を聞いてくださった，地域の人たちから感想を聞いてみたいと思います。

(予めお願いしておいた，地域ゲストの方から)

G1 みんな，この地域のことをとてもよく調べました。とてもよかった。聞いていて嬉しくなりました。

G2 でも地域のじまんって，図書館とか，川とか，お茶とかの，「もの」だけかしら。

G3 ○○川がいつもきれいなのは，○○川保存会の人たちが，毎週掃除をしているからよね。

G4 源さんのところのお茶は，この前○○市の品評会で１位をとったんだよ。

G5 図書館の山田さんのやっている，毎月の読み聞かせの会は，とても評判がいいのよね。

G1 みんなは，地域のために活躍している，そういう人たちがいることを知っていたかな。

C（ざわざわ）

(〜子供たちが，自分たちの中では，しっかり調べてきたので，これ以上調べることはないと思っていた「地域自慢」が，他の視点から見るとまだ色々あることに気づき，調べてみようという気持ちをもつ)

C.「だからそれはね」モデル

○学習場面

小学校５年生　算数科　「三角形の面積」

学習課題：下の三角形の面積の求め方を考えよう。

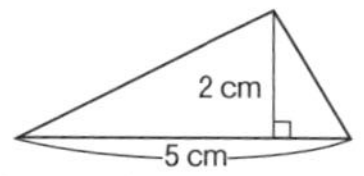


T 自分が考えた面積の求め方を，ペアでお互いに説明し合いましょう。

A じゃあ僕からいきます。

B お願いします。

A 面積を5×2÷2＝5　で求めました。以上。

B ？？？なんで割り算なんですか？

A ２倍したからです。

B 意味がわからないんですけど。

A 平行四辺形にしたからです。

B どうして平行四辺形にしたんですか？

A だって三角形じゃ面積求められないからです。

B どうやって平行四辺形にしたんですか？

A ひっくり返して（手で示す）つけました。

B それで（式を見てもわからない）？？？

A 5cm は平行四辺形の底辺で‥‥

B まず平行四辺形の面積を求めるんですね。

A そう。平行四辺形なら面積の公式使えるでしょ。

B つまり5×2=10っていうのは

A 平行四辺形の面積のことです。

B でも，なんで２で割るんですか？

A 同じ三角形を２つ合わせて，平行四辺形をつくったから，元の三角形に戻すためには‥‥。

B ああ，それで２で割るんですね。

(B：説明を聞くことで，面積の求め方を理解する)

(A：Bに説明することで式・図を関連づけて説明できるようになる)

図 5-2　思考深化の３つの対話モデル

とができます。そして，どのような手立てを取れば，そのような対話を生み出す学び合いをさせることができるかを次に考えます。

つまり，グループ活動などの学び合いのかたちが先にあるのではなく，どのような思考深化のプロセスを生み出したいのかが先にあるのです。授業における学び合いの意味を考える（学び合いを意味づける）ことは，その授業における思考深化のプロセスを考えることにつながる，授業づくりの一番のポイントといえるでしょう。

## 2.　授業のどの場面に学び合いを取り入れればよいか

### (1) 学び合う集団のサイズ

学習課題を達成するために，学び合いによる思考深化のプロセスが有効であると考えれば，それを授業の中に取り入れます。学び合いというと，すぐグループ学習をイメージするかもしれませんが，「学び合い＝グループ学習」ではありません。教師が学級の子どもたちの対話を紡いでいく，学級全体による学び合いも，隣の友達と話し合うペア学習も，集団による学び合いです。ただその集団が得意とする学び合い（相互作用）の特徴が違うのです。例えば「多様な意見を出し合い，それらの類似点・相違点を話し合わせたい」のであれば，集団のサイズが大きいほど，多様な意見の集積が可能になる（学習資源は増える）でしょう。一方，「友達との相互作用を通して，個人内思考を精緻化させたい」のであれば，直接相手と対話する機会が多いペア学習の方がよいかもしれません。

ジョンソンら（Johnson et al., 2010）は，協同学習グループの典型的なサイズを２～４人としながらも，理想的なサイズはなく，次のような点に留意して，サイズを決めることを推奨しています（＊括弧内は筆者注釈）。

①グループのメンバーが増えると，成功の助けとなる「学習資源」も増える。

②グループが大きくなればなるほど，メンバーの社会的スキルがより多く求められるようになる。（＊メンバーの社会的スキルが低い場合は，小さいグループから始めるとよい）

③グループが大きくなるにつれて，メンバー間の相互作用は少なくなる。

（＊メンバー間の相互作用を多くしたければ，小さいグループの方がよい）

④グループが小さければ小さいほど，生徒が自分に割り当てられた活動をサボったり，貢献から逃れたりすることが難しくなる。

教師は，それぞれの集団が得意とする学び合いの特徴を理解した上で，学習課題や目の前の子どもたちの状況に合った集団をうまく組み合わせて，授業に取り入れるとよいでしょう。

### (2) 算数科における段階的思考深化の授業デザイン

次に，授業のどの場面にどのように学び合いを取り入れていけばよいかについて考えましょう。ここでは，日本の算数・数学科の授業で，広く取り入れられている問題解決型（練り上げ型）の授業をベースに，思考深化を図る段階的教示（橘・藤村，2010）を組み込んだ授業デザイン（町，2019）を紹介します。

「問題把握」，「自力解決」，「集団検討」，「まとめ・適用問題」といった過程で展開される日本の問題解決型の授業は，一人ひとりの解法の集積を集団で検討できる授業スタイルとして，海外から注目されています（Stigler & Hiebert, 1999）。しかし，一方で自分の解法の意味を説明できるレベルでなければ，集団検討場面で他者の考えを聞いて理解し，吟味することは容易ではないという問題も指摘されています（河嵜，2013）。そこで学級全体の集団検討の前に，自分の解法の意味を小集団で説明し合う活動を取り入れます。ここでは直接相手に自分の考えを説明したり，友達からの質問に答えたりする対話により，自分の考えが次第に精緻化される思考プロセスを想定しています。これを集団検討1-aとします（図5-3）。

引き続き学級全体で行う集団検討1-bに入ります。ここでは，学級という集団の大きさを生かして，子どもたちが考えた多様な解法を共有します。一人ひとりの考えた解法を友達と共有するという点では，集団検討1-a，bは共通していますが，前者は自分の考え方を説明できるようになる（自分の思考を精緻化する）のを主眼としているのに対して，後者は友達の説明を聞いて，友達の考え方を理解する（友達の解法を読み取る）ことを主眼としている点が異なります。解法の共有ができたところで，集団検討2では，1つひとつの解法の共通点について話し合わせます。例えば「考え方の似ているものを集めてグ

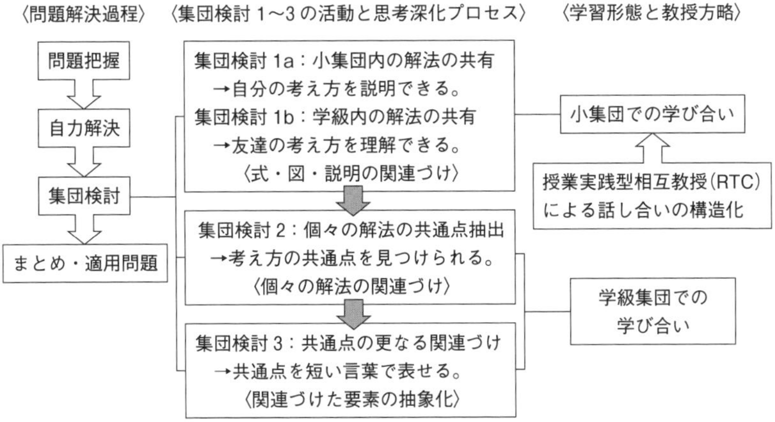


**図 5-3　集団検討 1 ～ 3 における思考深化のプロセスと学習形態**

ループをつくりましょう。」などです。続く集団検討 3 では，共通点をさらに関連づけて概念化させます。例えば「各グループの特徴を表す名前をつけましょう。」などの教示によってです。

集団検討 1 ～ 3 でどのように思考が深まっていくかを，「要素の関連づけ」という観点から考えてみましょう。集団検討 1（解法の共有）では，「個々の解法における式・図・説明などの関連づけ」，集団検討 2（共通点の抽出）では，「個々の解法の関連づけ」，集団検討 3（共通点の関連づけ）では「共通点の概念化」と，関連づけの抽象度を徐々に上げ，段階的に思考が深まるようにしています。

集団検討場面は，算数・数学科の問題解決型授業の核をなすものです。橘・藤村（2010）は，「要素の関連づけ」に関する問いを段階的に設定することで，友達との議論が焦点化され，思考が深まりやすくなるとしています。小グループの話し合いと学級全体の話し合いを組み合わせて，段階的な教示により思考深化を図る授業デザイン（町，2019）は，その 1 つの授業モデルとなるでしょう。これが，学び合いの意味をふまえた上で，学び合いを授業に取り入れる（学び合いを指導案上に位置づける）ということなのです。

## 3. どうしたら質の高い学び合いを成立させられるか

### (1) 協同学習の基本的構成要素と学び合いにおける社会的側面の影響

学び合いの意味を考え，それを指導案上に適切に位置づけたとしても，質の高い学び合いが起きるとは限りません。ジョンソンら（Johnson et al., 2010）は，学び合いが成立するための条件（協同学習の基本的な構成要素）を5つ提示しました（表5-1）。実際の教室は，様々な個性や学習経験をもつ子どもたちによって構成されています。学び合いが好きで，グループ学習の経験豊富な子どもが多い学級と，学び合いが苦手で，グループ学習をほとんど経験していない子どもが多い学級では，学び合いの様相が異なるのは当然でしょう。

子ども同士の学び合いがうまくいかない理由の1つが，学び合いにおける子どもたちの社会的側面の影響です。例えば，侮辱的，支配的，学習課題に関係のない行動といったネガティブな社会情緒的行動は，成績に間接的に負の影響を与えることが知られています（Webb, Nemer, & Zuniga, 2002）。社会的偏見や学級内での評価といった地位特性によって，発言が支持されたり却下されたりするという問題も指摘されています（Cohen & Lotan, 1995）。教室の中の，

**表5-1　学び合いを成立させる基本的構成要素とグループ学習の様相**
（ジョンソンら，2010をもとに筆者が作成）

| 基本的構成要素 | 学び合いが成立しているグループ学習の様相 | 学び合いが成立していないグループ学習の様相 |
| --- | --- | --- |
| 互恵的な協力関係 | 信頼関係に基づき，お互いに協力して助け合っている。 | 互いに信頼しておらず，協力できていない。言い争いが頻繁に起こる。 |
| 個人の責任 | 一人ひとりのメンバーが，自分がするべきことがわかり，それを果たそうとしている。 | 作業していない（ただ乗り）メンバーがいる。発言が一部のメンバーに偏っている。 |
| グループの改善手続き | 自分たちのグループ活動に対して振り返り，次に生かそうとしている。 | 振り返りがなく，活動が改善されないまま続いていく。 |
| 社会的スキル | 共に学習するのに必要な社会的スキルを，一人ひとりが活用している。 | 社会的なスキルが身についておらず，話し合いがぎくしゃくしている。 |
| 対面しての相互作用 | お互いの目を見て，活発な（学習課題に対する）意見交流が行われている。 | 4人グループなのに，1人ずつ（または2人ずつ）活動している。意見交流がない。 |

**表 5-2　グループ学習に肯定的・否定的な児童の特徴**（町，2009より修正して引用）

| | グループ学習に肯定的な児童 | グループ学習に否定的な児童 |
|---|---|---|
| 学びに対する姿勢 | ◆学び合いに対する喜び・満足感<br>・友達から学ぶ喜び<br>・違う発想にふれる喜び<br>・友達に教える喜び<br>・友達に自分の意見を認められる喜び | ◆学び合いに対する不満感<br>・グループ内の学力差に対する不満感<br>・自分のペースで学習できない不満感<br>・友達と（協力でなく）競争したい不満感 |
| 友達と関わる姿勢 | ◆人と関わることに対する喜び<br>・人と関わることに対する純粋な喜び<br>・友達の役に立つことに対する喜び<br>◆スキル・リーダー性の高さ<br>・友達と関わり合うスキルやリーダー性の高さ | ◆人と関わることに対する抵抗感<br>・人と関わること自体に対する抵抗感<br>・失敗や自分の意見を否定されることに対する，恐れや傷つきやすさ<br>◆スキルの低さ・自己中心性<br>・友達と関わり合うスキルの低さ<br>・自己中心性<br>・ルールの欠如に対するいらだち |

学び合いが苦手な子どもの存在にも注意が必要です。町（2009）は，学級担任に対する半構造化面接により，グループ学習に肯定的な児童と否定的な児童の，「学びに対する姿勢」と「友達と関わる姿勢」が対照的であることを見出しました（表5-2）。

教師は，協同学習の基本的構成要素の視点を手がかりに，目の前の子どもたちの学び合いの質を読み解くことが重要です。そして，学び合いにおける子どもたちの社会的側面の影響を頭に置きながら，質の高い学び合いを成立させるために，子どもたちに何が必要かを考え，適切な支援をすることが求められているのです。

### (2) 学び合いを成り立たせる授業実践型相互教授

ここでは，質の高い学び合いを成り立たせる教授方略として，授業実践型相互教授（Reciprocal Teaching in Classroom; 以下RTC; 町，2020）を紹介します（図5-4）。RTCは，①個人内思考の外化（考えたことを言葉にする），②役割付与（「説明役」・「質問役」などの役割で話し合う），③話し合いの手順の提示（役割を一定時間で交代するなどの手順を提示する），の3点により，話し合いを構造化する教授方略です。ここに学習課題や子どもたちの社会的特性によって調整を加えます。

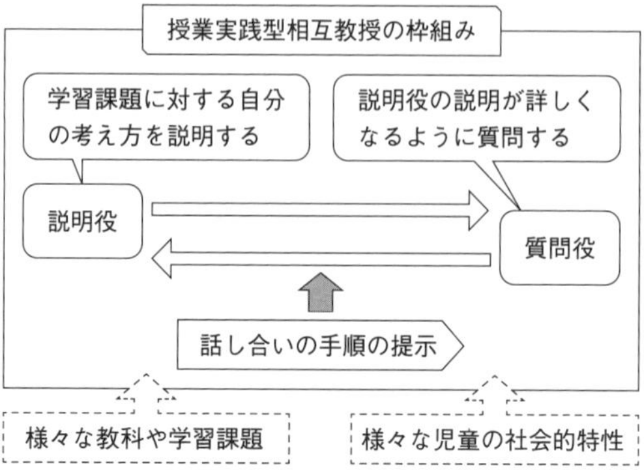


**図 5-4　授業実践型相互教授（RTC）の枠組み**

町・中谷（2014a）は，小学校算数科の授業で，一人ひとりが考えた「三角形の面積の求め方」をグループで話し合う時に，RTC に基づき話し合わせた群（RTC 有群）と，話し合いの枠組みを設けないで話し合わせた群（RTC 無群）で，話し合いの結果を比較しました。その結果，RTC 有群の方が，RTC 無群よりも，学習に関連する深い発話が多く生み出され，学業達成度テストで自分の考えを図や式と関連づけて詳しく説明できる児童の割合が多いことが示されました。これは RTC 無群の話し合いが，自分の考え方をただ順番に説明する「発表会」形式になりがちだったのに対し，RTC 有群では，説明役の児童の説明が，質問役の児童からの質問に繰り返し答える過程で，式・図・言葉（説明）が徐々に関連づけられて（＝精緻化して）いったためと考えられます。RTC は小集団の学び合いにおける思考の精緻化に効果があることから，2―(2) の小集団の学び合いに RTC を採用することで，より効果的な学び合いが期待できます（図 5-3）。

### (3) 学び合いで学校を変える

グループ学習では，学習の運営・進行が基本的に子どもたちに任されています。したがって，子どもたちがグループ学習で質の高い学び合いを生み出せるようになるためには，互いに協力し合いながら自分たちの学び合いを運営・進行していく力を，子どもたちにつけることが必要です（町・中谷，2014b）。様々な学力・社会的側面をもつ子どもたちが集まる学級や学校で，それは簡単なことではありません。

しかし，RTC の結果（町，2020; 町・中谷，2014a）は，適切な話し合いの枠組みを子どもたちに提示することで，学び合いが苦手な，向社会的目標が低い児童や非主張的な児童も，学び合いに参加でき，学び合いを肯定的にとらえられるようになることを示しています。このことは，RTC などの足場かけにより，子どもたちに学び合い方を学ばせることで，子どもたちの学力だけでなく，社会的な側面や，学び合いを自己調整する力を育成できる可能性があるということです。

学び合いを通して培われた互恵的で自律的な協力関係は，単に学習場面だけではなく，学級の様々な場面で見られるようになるでしょう。学び合いを，い⃝みづけ，い⃝ちづけ，な⃝り立たせようとする，「学び合いはい⃝い⃝な⃝」の，教師の地道な取り組みは，学級全体，ひいては学校全体を，互恵的で自律的な学び合う集団に育てていく可能性を秘めているのです。

## ● 引用文献


Cohen, E. G., & Lotan, R. A. (1995). Producing equal-status interaction in the heterogeneous classroom. *American Educational Research Journal, 32*, 99-120.

Johnson, D. W., Johnson, R. T., & Holubec, E. J. (2002). *Circles of Learning: Cooperation in the Classroom* (5th ed.). Edina, MN: Interaction Book Company.（ジョンソン，D. W.，ジョンソン，R. T.，ホルベック，E. J.　石田裕久・梅原巳代子訳（2010）．学習の輪―学び合いの協同教育入門―　二瓶社）

河崎美保（2013）．複数解法提示による算数の学習促進効果　ナカニシヤ出版

町　岳（2009）．協同学習に否定的な認識を示す児童の理由―グラウンデッド・セオリー・アプローチによる担任への面接調査の分析を通して―　学校心理学研究, *9*, 37-49.

町　岳（2019）．説明が導く算数・数学科の思考深化プロセス　山本博樹（編著）　教師のための説明実践の心理学（pp. 133-143）　ナカニシヤ出版

町　岳（2020）．グループ学習における授業実践型相互教授の介入効果　風間書房

町　岳・中谷素之（2014a）．算数グループ学習における相互教授法の介入効果とそのプロセス―向社会的目標との交互作用の検討―　教育心理学研究, *62*, 322-335.

町　岳・中谷素之（2014b）．相互教授法による発話プロセスの質的検討　協同と教育, *10*, 26-37.

Piaget, J. (1932). *The language and thought of the child* (2nd ed.). London: Routledge and Kegan Paul.

Stigler, J. W., & Hiebert, J. (1999). *The teaching gap: Best ideas from the world's teachers for improving education in the classroom*. New York: Free Press. (湊　三郎(訳) (2002). 日本の算数・数学教育に学べ―米国が注目する jugyou kenkyuu　教育出版)

橘　春菜・藤村宣之 (2010). 高校生のペアでの協同解決を通じた知識統合過程―知識を相互構築する相手としての他者の役割に着目して―　教育心理学研究, *58*, 1-11.

Vygotsky, L. S. (1978). In M. Cole, V. John-Steiner, S. Scribner, & E. Souberman (Eds.), *Mind in society: The development of higher psychological processes*. Cambridge, MA: Harvard University Press.

Webb, N. M. (2009). The teacher's role in promoting collaborative dialogue in the classroom. *British Journal of Educational Psychology, 79*, 1-28.

Webb, N. M., Nemer, K. M., & Zuniga, S. (2002). Short circuits or superconductors? Effects of group composition on high-achieving students' science performance. *American Educational Research Journal, 39*, 943-989.

# 6章

# 授業外学習の指導

## 1. なぜ授業外学習が重要なのか

学力には知識や理解，思考力や表現力などの「学んだ力としての学力」と，学習習慣や学習方法などの「学ぶ力としての学力」があります（市川，2004)。中でも，生涯にわたって学び続けていく上では，後者の学ぶ力が不可欠ですが，こうした力は，授業の中で教師に教わっているだけで身につくものではありません。そこで重要な役割を果たすのが授業外学習です。教師が積極的に宿題を出すなどして，授業以外の場で，一人で学習する経験を積ませることで，生徒の「学ぶ力」，「学んだ力」双方の向上がもたらされることが期待されます。実際，教師の出す宿題は，学習習慣や学習スキルの獲得だけでなく，知識の獲得や理解の深化，批判的思考，情報処理と関連があるといわれています(Kitsantas & Zimmerman, 2009)。ただし，単に宿題を提出させ，評価すればよいわけではありません。本章では学習習慣を確立させる上でどのような工夫ができるか，また，授業内容の理解を深めるにはどのような指導を行えばよいのかについて，実証的な知見をもとに考えていきます。

## 2. 学習習慣を確立させるには

授業外の学習を習慣づけていくのは容易ではありません。たとえ教師が宿題を出したとしても，子どもにとって，学校から帰れば勉強以外にもテレビやインターネットなど，楽しいことがたくさんあり，課題に取り組まずに終わってしまうことが少なくないからです。自分の行動を自分で管理することができる自立的な学習者は，プランニング方略（学習の計画を立てる)，モニタリング方略（自身の学習状況を自らチェックする）を使用し，自身の学習を管理しているといわれており，学習習慣を確立させる上では，こうした方略が使えるように意識的に指導していくことが求められるといえます。

例えば，田中ら（2009）は，家庭学習に関する教師の指導行動と子どもの家庭での学習力の関連を検討しており，その結果，「家庭学習の習慣化（毎日の家庭学習の計画の立て方や管理の仕方を指導したり，家庭学習の時間をうまく確保する工夫などを身につけさせたりしている）」といった指導行動の得点が高いほど，その教師に教わっている児童・生徒の家庭学習力が高いことが報告されています。こうした知見は，学習の計画を立てるプランニング方略そのものを明示的に指導することの重要性を示唆しているといえます。

また，ベルフィオーレとホーンヤク（Belfiore & Hornyak, 2007）は，自分の行動をチェックするための「モニタリングシート」を作成して，「宿題をやったか」「どのくらい時間をかけたか」などの項目について自分でチェックさせるプログラムを行ったところ，自身の学習行動を管理できるようになったことを報告しています。キャラハンら（Callahan et al., 1998）は，小中学生にモニタリングシートを記入させ，「宿題にかかった時間」「宿題をやった場所」「宿題の出来」をチェックさせるだけでなく，その保護者にも，児童・生徒の遂行結果について同じ項目に対してチェックをしてもらっています。そして，保護者は児童・生徒のモニタリングシートを見て，自分の評定と彼らの評定が一致しているかどうかを確認し，一致していれば，それに応じてポイントを与えていきました。この実践では，上記のプログラムを１ヶ月行ったことで，プログラム開始前に比べ，児童・生徒の宿題遂行が改善され，学習成績も向上したと報告されています。

以上のように，授業外学習を通じて学習習慣を確立させていく上では，単に宿題を課すだけでなく，自分の学習を自分で計画し，管理していくために必要な方略を明示的に教え，そうした方略を使えるよう支援していくことが重要であるといえます。

## 3. 効果的な予習を実現するには

### (1) 授業の深い理解のために

授業外学習を促すことは，単に教師がいない場でも学習できる習慣を身に付けさせることだけが目的ではありません。学習者の日々の学習は，学校での授業と，授業外学習の連続で構成されており，教わった知識を断片的に記憶するのではなく，知識同士の関連まで深く理解していくためには，予習－授業－復習というサイクルを確立させることが重要であると言われています（市川，2004）。

特に，予習はこのサイクルの始発点として重要な活動です。予習の効果の理論的背景には先行オーガナイザーがあります。先行オーガナイザーとは本文の前に与えられる短い前置きの文章で，オースベル（Ausubel, 1960）は説明文の内容を読む際に，その内容をまとめた先行オーガナイザーを与えることで，本文の内容の理解が深まることを実証的に示しました。特に，事前に知識を得ておくことで促されるのは，知識同士の関連や，本文で初めて与えられるような詳細な知識の理解です。先に断片的に知識を得ておくからこそ，それが枠組みとなって，知識同士の関連や，より詳しい情報もスムーズに理解することができるようになるのです。こうした知見から予習の効果を考えると，例えば，数学の教科書で公式や数学的概念，例題の解き方などの知識を得ておけば，授業ではその定理が成り立つ理由（なぜそのような定理が成り立つのか），概念間の関連（どの点が共通していて，どのような点が異なるのか），解き方の根拠（なぜそのような手続きで解けるのか）などをスムーズに理解できるようになると考えられます。また，歴史の学習でも，予習で「いつ，どのような出来事が起こったか」，「誰がどのようなことをしたか」などの知識を得ておけば，授業ではその史実の背景因果（なぜそのような出来事が起こったか，なぜその人はそのようなことをしたのか）の理解が促進されるものと考えられます。

篠ヶ谷（2008）は，中学生86名を大学に集めて5日間の実験授業を行い，歴史学習（第一次世界大戦）における予習の効果を検討しています。この研究では，参加者を予習群（毎回の解説授業を受ける前に，教科書を5分間読む群），復習群（解説授業後に5分間教科書を読む群），質問生成予習群（解説授業前に教科書を読んだ上で，「なぜ」で始まる質問を作る群）に分けて4日間授業を展開し，最終日には，それまでの授業内容の理解度を問う2種類のテストを実施しました。1つは教科書に記述されている出来事や人名を一問一答形式で問う単語再生テストであり，もう1つは教科書には記述されておらず，授業で詳しく解説された史実の背景因果（なぜその事件が起こったのか，など）を説明させる因果説明テストでした。その結果，各回の授業前に予習を行った2つの群（予習群と質問予習群）は，復習群よりも，因果説明テストにおいて高い得点を示しました。こうした結果は先行オーガナイザー研究の結果と一致するものといえます。

### (2) 予習指導の注意点

しかし，予習を促す上では，こうした予習の効果が生徒の意味理解志向によって異なることに注意する必要があります。意味理解志向とは，学習において知識のつながりの理解を重視する姿勢です。篠ヶ谷（2008）では，意味理解志向の高い生徒では，予習の効果が見られていたのに対して，意味理解志向の低い生徒ではそうした効果が見られないことが示されました（図6-1）。

なぜ意味理解志向の低い生徒に，予習の効果が見られないのでしょうか。その背景には，予習時の「問い」があると考えられます。知識のつながりを重視する姿勢である意味理解志向が低い生徒の場合，たとえ教科書の知識を得て，「なぜ」を問う質問をつくらせたとしても，形式的に問いをつくってしまい，

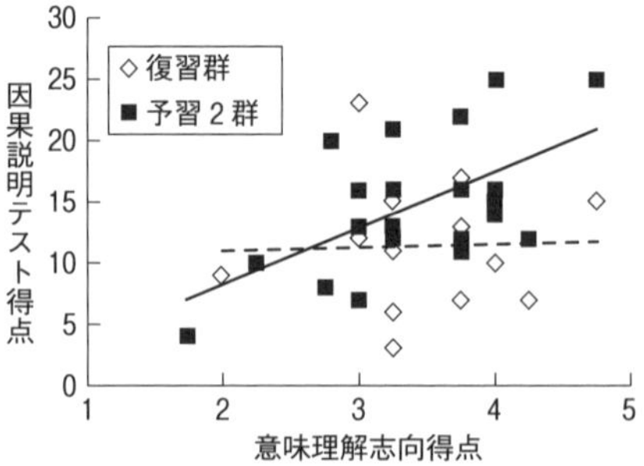


図6-1　予習の効果の個人差（篠ヶ谷，2008）

授業での学習が促進されなかった可能性が考えられます。そこで篠ヶ谷(2013）は，教科書にどのようなことが書かれているか（イギリスとドイツが対立していた，日本が世界大戦に参戦した，など）を押さえた上で，個々の史実の理由を考えてみて，わからないことを問いにしていくよう，質問生成の手順を具体的に指導するようにしました。その結果，こうした手順を示したクラスの生徒は，意味理解志向の高さによらず，予習の中で自分が生成した問いに関連する授業情報に注意が向けられるようになったことが報告されています。

さらに別の研究では，「なぜイギリスとドイツは対立していたのか」「なぜ日本は第一次世界大戦に参戦したのか」などの問いについて，予習の段階で自分なりの予想を書き，その予想についてどのくらい自信があるかを5段階で評定させ，その数値を1つでも大きくすることが授業の目標であると伝えることで，意味理解志向の低い学習者であっても，予習で得た知識に加え，その背景因果まで授業で理解できるようになったことも報告されています（篠ヶ谷，2011)。

確かに予習は個々の知識の成り立つ理由を理解する上で有効であるといえますが，単に「教科書を読んできなさい」と指示を出すだけでは，児童・生徒の学習に対する姿勢や考え方によって，期待される効果に個人差が生じてしまいます。したがって，知識の成り立つ理由や知識同士の関連を問う質問を生成できるよう，その手順を明示的に指導すること，また，授業の重要な情報に注意が向けられるよう，理由や根拠を問う質問に対して自分なりに答えを予想させる，それに対する自信度を数値化させるなどの働きかけを意識的に行っていく必要があるといえます。

## 4. 効果的な復習を実現するには

### (1) 知識とスキルの定着のために

授業で理解した内容を定着させる上では，個々の知識が成り立つ理由について，自分の言葉で説明してみることが非常に有効です。自分の言葉で説明する中で知識がつながり，理解が深まっていくのです（伊藤，2009)。また，説明することには，自分の理解状態をチェックできる効果もあります。自分の言葉で説明できれば，その内容を理解できていることがわかりますし，説明できなければ「自分はまだよくわかっていない」ということがわかります。自分がまだ理解できていないことがわかれば，もう一度教科書やノートを見直す，先生や友達に聞くなど，さらに効果的な学習を進めることができるようになるため，こうした点でも自分で説明するという方法は有効といえます。

また，問題解決スキルを定着させ，応用問題にも対応できるようにするためには，問題を解いた後で「なぜ解けたのか」「なぜ間違えたのか」「どうすれば解けたのか」などを振り返る「教訓帰納」を行うことが有効であるといわれています（市川，2013）。特に数学や理科の学習では，単に問題集などの問題を解いて答え合わせをするだけではなく，自分がなぜ解けたのか，なぜ解けなかったのか，どのようにすれば解けたのかを考え，ノートにその内容を「ポイント」として書き込んでおくことが大切であるといえます。

### (2) 学習方法の改善を促すには

学んだことを定着させるには，「ひたすら書いて覚えるしかない」「繰り返し問題を解いて練習するしかない」と思っている児童・生徒は少なくありません。彼らの学習方法を改善していく上では，効果的な学習方法を伝えるだけではなく，教えた方法に対する「有効性の認知」を高め，「コストの認知」を低めることが重要となります（佐藤，1998）。有効性の認知とは，「その方法は自分の勉強に役に立つ」という認識であり，後者のコストの認知とは「その方法を使うのは大変だ，面倒だ」といった負担感を指します。

こうした要因を考慮しながら，直接学習方法を指導していく取り組みに学習法講座があります。講座の規模は様々で，50分程度のものから120分程度のものまでありますが，いずれの講座でも共通しているのは，①有効性の実感，②具体的な方略の教授，③スキルトレーニングという3つの要素を含んでいることです。

例えば，効果的に知識を定着させていく方法を教える講座では，まず「有効性の実感」の活動として，文や単語の記憶に関するデモ実験を行い，理由を押さえると覚えやすいこと，思い出しやすくなることを体験してもらいます。具体的には，配付される教材が異なることは伝えずに，教室の右半分の生徒には理由のない文のリスト（眠い男がコップを買った，太った男が鍵を買ったなど），左半分の生徒には，理由のある文のリスト（眠い男がコーヒーを飲むためにコップを買った，太った男が冷蔵庫にかけるために鍵を買ったなど）を配付し，記憶してもらいます。その後，文の内容の記憶を問うテスト（コップを買ったのは誰ですか，鍵を買ったのは誰ですか）を行って，教室の右半分と左半分で成績を比較し，理由がある方がわかりやすいことを教えます。

次に「具体的な方略の教授」の段階では，普段の教科学習で，理由を押さえながら学習をすると，具体的にどのような方法になるのかを教えます。例えば，英単語の学習で理由を押さえる場合，英単語と日本語訳を対にして丸暗記をするのではなく，「in, im（中に）という接頭辞と，port（港）の組み合わせなので，港の中に物資を運ぶ，つまり輸入するという意味だ」といったように，なぜそのような訳になるのかを理解していきます。

効果的な学習方法を学んでも，実際に自分で使う練習をしなければ，生徒は自分で勉強する時にその方法を使えないと考えられます。そこで，「スキルトレーニング」として，教わった方略を使いながら，実際にいろんな英単語を覚えてもらいます。最後には，講座で何を学んだか，どんなことがわからなかったかなどを振り返ってもらい，工夫次第で覚えやすくなることや，具体的な学習方略について意識化を促します。

深い理解を目指した授業を行うことはもちろん重要ですが，児童・生徒の学習の質を高め，授業で理解したことを定着させる上では，児童・生徒に効果的な学習方法を明示的に教えていくことも必要となるでしょう。ただし，学習法講座のような指導を一度行っただけで，彼らの日々の学習が大幅に改善されることもまた考えにくいため，日々の授業やテスト返却場面などでも，効果的な学習方法を指導していくことが望ましいといえます。

## 5. 授業外学習指導の注意点とは

ここまで，学習習慣を確立させるための工夫や，学習内容の深い理解に向けた予習や復習の指導について述べてきました。こうした内容に加え，教師は，自身の授業が児童・生徒の授業外学習に与える影響についても把握しておく必要があります。例えば，中学生の数学学習における予習について調査を行った篠ヶ谷（Shinogaya, 2018）では，教師が具体的な予習方法を指導することで，「予習は面倒だ」といったコストの認知が低まり，生徒の予習行動が促されることや，授業の中で，予習だけではわからないような発展的な内容まで教師が教えていると，「予習は授業を理解する上で有効だ」といった有効性の認知が高まり，予習行動が促されることが示されています。また，高校生の英語学習における予習について調査を行った篠ヶ谷（2014）でも，「なぜその単語がそのような意味をもつのか」「似た意味を持つ単語として，ほかにどのようなものがあるか」など，予習で得られる知識をさらに補足・拡張させる授業を教師が行うことで，「次回の授業で扱う英単語や英文の意味を調べておく」「英単語や英文を自分なりに推測しておく」などの予習行動が促され，教師が授業中に生徒を指名し，自分の意見や考えを発表させていることで，「友達や家の人に聞く」といった予習行動が促されることが示されています。こうした結果は，学習方法の明示的な指導だけでなく，普段の授業方法が生徒の予習行動に影響を与えることを示しているといえます。

さらに興味深いことに，上述の篠ヶ谷（2014）では，「英単語や英文の意味を推測しておく」という予習方法の効果が教師の授業方法によって異なっており，たとえ生徒が予習で考えてきていても，「なぜその単語がそのような意味をもつのか」「なぜ英文がそのように訳せるのか」などのように，予習内容を補足し，拡張させていく授業が行われていなければ，「重要な情報は何か」「自分が分からないところは何か」を考えながら授業を受けるようにならないことが示されています。つまり，教師の日々の授業方法は，予習の効果にも影響を及ぼすのです。

また，知識を定着させるには，個々の知識が成り立つ理由や根拠を自分の言葉で説明してみることが有効であることは先に述べましたが，そのような復習の効果も，教師の授業によって影響を受けるといえます。高校数学を対象として行われた太田・山野井（2019）の実践研究では，復習として「なぜこの公式が成り立つのか」「なぜこの解法で解けるのか」を説明する課題が出されましたが，こうした活動は生徒にとってハードルが高く，なかなか取り組めないため，公式の成り立つ理由などについて教師が授業の中で説明し，さらに，生徒同士でもその内容を説明させるなど，復習課題と連動させるかたちで授業を設計するようにしました。その結果，復習でもスムーズに説明課題に取り組めるようになり，高い学習成果が得られたことが報告されています。

たとえ，教科書を読んで予習しても，個々の知識の成り立つ理由など，予習で得られる知識を関連づけ，拡張させていく授業をしなければ，期待されるような予習の効果は得られません。また，たとえ自分の言葉で説明させる復習課題を与えても，授業でそうした活動が全く行われなければ，児童・生徒は課題に取り組むことができず，思うような効果は得られません。「学んだ力」と「学ぶ力」の双方を高めていけるよう，授業外学習と授業を連動させながら学習指導を展開していくことが重要であるといえます。

## ● 引用文献


Ausubel, D. P. (1960). The use of advance organizers in the learning and retention of meaningful verbal material. *Journal of Educational Psychology, 51*, 267-272.

Belfiore, P. J., & Hornyak, R. S. (2007). Operant theory and application to monitoring. In D. H. Schunk & B. J. Zimmerman (Eds.), *Self-regulated learning: From teaching to self-reflective practice* (pp. 184-203). New York: The Guilford Press.

Callahan, K., Rademacher, J. A., & Hildreth, B. L. (1998). The effect of parent participation in strategies to improve the homework performance of students who are at risk. *Remedial and Special Education, 19*, 131-141.

市川伸一（2004）．学ぶ意欲とスキルを育てる―いま求められる学力向上策―　小学館

市川伸一（2013）．勉強法の科学―心理学から学習を探る　岩波書店

伊藤貴昭（2009）．学習方略としての言語化の効果　教育心理学研究, *57*, 237-251.

Kitsantas, A., & Zimmerman, B. J. (2009). College students' homework and academic achievement: The mediating role of self-regulatory beliefs. *Metacognition and Learning, 4*, 97-110.

太田絵梨子・山野井俊介（2019）．意味理解を重視した宿題の開発と授業との連動　日本教育工学会論文誌, *43*, 151-165.

佐藤　純（1998）．学習方略の有効性の認知・コストの認知・好みが学習方略の使用に及ぼす影響　教育心理学研究, *46*, 367-376.

篠ヶ谷圭太（2008）．予習が授業理解に与える影響とそのプロセスの検討―学習観の個人差に注目して―　教育心理学研究, *56*, 256-267.

篠ヶ谷圭太（2011）．学習を方向づける予習活動の検討―質問に対する解答作成と自信度評定に着目して―　教育心理学研究, *59*, 355-366.

篠ヶ谷圭太（2013）．予習時の質問生成への介入および解答作成が授業理解に与える影響とそのプロセスの検討　教育心理学研究, *61*, 351-361.

篠ヶ谷圭太（2014）．高校英語における予習および授業中の方略使用とその関連―教師の授業方略による直接効果と調整効果に着目して―　教育心理学研究, *62*, 197-208.

Shinogaya, K. (2018). Motives, beliefs, and perceptions among learners affect preparatory learning strategies. *Journal of Edcuational Research, 111*, 612-619.

田中博之・木原俊行・大野裕己（2009）．授業と家庭学習のリンクが子どもの学力を伸ばす―家庭学習充実に向けての学校・教師・保護者の連携を目指して―　Benesse教育研究開発センター

# 第 2 部

# 子どもを支える教師

# 7章

# チームで取り組む教育相談

## 1. 教育相談は，いつ，誰が行うのか

子どもにとっての学校は，人と出会い，学び，挑戦を繰り返しながら，日々自分を成長させていく大切な場所です。しかし現在，学校で安心して過ごすことに困難を感じる子どもが増えています。不登校児童生徒数は増加しており，2018 年度には初めて 16 万人を超えました（文部科学省，2019）。いじめは社会問題となり，自傷や自殺などの深刻な問題も発生しています。このような中，学校における教育相談の重要性はますます高まっているといえます。

一方，教師を目指す大学生にとって，教育相談はとても難しいものに感じられるようです。教師を目指す大学生を対象とした研究では，志望する学校種（幼稚園・小学校・中学校・高校・特別支援学校）によらず，9 割近くの学生が，教師になった時に適切に教育相談を行っていけるかどうか不安を感じていることが明らかになっています（宮前ら，2017）。

皆さんは，教育相談についてどのようなイメージをもっていますか。相談室で，悩みを抱える子どもと教師が面談をする場面を思い浮かべる人も多いかもしれません。現職の教師の中にも，教育相談は個人を対象にしたもの，あるいは特定の行動上の問題を抱えた子どもを対象にしたもの，などのように限定したとらえ方をしている教師が少なくないと指摘されています（笠井，2015）。しかし，教育相談は 1 対 1 の相談活動に限定されるものではありません。生徒指導提要（文部科学省，2010）には「教育相談は，児童生徒それぞれの発達に即して，好ましい人間関係を育て，生活によく適応させ，自己理解を深めさせ，人格の成長への援助を図るものであり，決して特定の教員だけが行う性質のものではなく，相談室だけで行われるものでもありません」とあります。教育相

談は，特定の時間に特定の教員によって行われるものではなく，授業の時間や休み時間，生徒会活動や部活動の時間など，すべての時間にあらゆる教育活動の中で展開されるものなのです。

また，子どもや保護者が抱える多様な悩みに応じてきめ細かな支援を行っていくためには，担任の教師だけでなく，学年団の教師や養護教諭，管理職といった学内の教師集団に加え，学外の関係機関（適応指導教室や通級指導教室，児童相談所，医療機関など）や様々な専門家（臨床心理士，医師，社会福祉士，保健師など）と連携し，チームで支援できる体制をつくっていくことが大切です。学校では，心理や福祉の専門性を有するスタッフとしてスクールカウンセラーやスクールソーシャルワーカーが教育相談の組織に位置づけられ，教師と連携・協力して教育相談活動を展開しています。

## 2. どのような支援が求められているか

### (1) 予防的・開発的教育相談

教育相談には，大きく分けて予防的・開発的教育相談と問題解決的教育相談の2種類があります。成長の過程で子どもは様々な課題に直面しますが，学校は，子どもが危機に適切に対処するための自我資源の養成という成長促進的介入の場でもあります（近藤，1994）。予防的・開発的教育相談は，子どもの多くが出会うであろう課題（進級・進学時の適応や友達との折り合い等）をあらかじめ予測して関わることによって，問題の発生や重篤化を予防すると共に，子どもの心理的な発達を促進するための支援です。

予防的・開発的教育相談では，集団を対象としたグループアプローチが行われています。例えば対人関係ゲームは，学級集団の人間関係づくりのための技法です（田上，2003）。ゲーム中に生じる身体運動反応やポジティブな情動反応によって不安や緊張を緩和させる，逆制止と呼ばれる技法が活用されています。山下・窪田（2017）は，小学校3年生のクラスを対象に，担任の教師と協力して対人関係ゲーム・プログラムを作成して実施しました。その結果，子どもの人と関わることへの不安や緊張が低減され，学級集団の凝集性が高まったことを明らかにしています。また，伊澤（2015）は日本語ができない外国出身の女児の転入に際し，その女児と彼女を迎え入れたクラスの子どもたちを対象に対人関係ゲームを行いました。言葉を使わなくても，ゲームを通してお互いに助けたり助けられたりする経験ができ，日常生活での適応につながったことが報告されています。このように，集団の中で安心感や楽しさが感じられる機会を意図的に設けることで，子どもの適応を支援することができます。

他にも，集団での社会的スキル訓練（SST）や構成的グループエンカウンターといったグループアプローチが行われています。これらは必ずしも単独で実施されているわけではなく，子どもの発達段階やクラスの状態にあわせて組み合わされ，活用されています。大谷・粕谷（2014）では，高校に入学したばかりの生徒を対象に，対人関係ゲームと小集団による言語活動，そしてSSTを組み合わせたプログラムが実施されています。その結果，新しい集団に入っていく際の子どもたちの不安が軽減され，クラスメートとの交流が促進される，クラスでの居心地の良さが向上するといった効果が見られました。

また，予防的・開発的教育相談においては，ピア・サポートやストレス・マネジメント教育，ロールレタリング，アサーショントレーニングなど，カウンセリングの技法を活かした多様な心理教育が取り入れられ，実践されています。例えば橘ら（2006）では，中学校の教師と養護教諭，スクールカウンセラーが連携し，授業や委員会活動にピア・サポート活動を取り入れた結果，子どもの自己肯定感や自己有用感が向上し，自主的に助け合い支え合おうとする姿が見られるようになったと報告されています。

このように，学校では様々な予防的・開発的教育相談が行われています。気をつけたい点は，集団を対象とした取り組みはその後の子どもたちの関係性にダイレクトに影響するということです。支援者側が子どもの不安の緩和やスキルの向上を目指していても，十分な知識や準備がないままに実践してしまうと，思わぬところで子どもの心を深く傷つけたり，クラスの人間関係を壊してしまったりするおそれがあります。予防的・開発的教育相談を実践する際には，丁寧な子ども理解と，それに基づく見通しのある取り組みが求められます。

### (2) 問題解決的教育相談

一人では解決できない困難を抱えた子どもを対象として支援を行うのが問題

解決的教育相談です。沢宮・田上（2003）は，家庭では話ができるが幼稚園ではできない，選択性緘黙と診断された年長女児に対して支援を行っています。この事例では，まず緘黙児に対してフェイディング法が適用されました。フェイディング法は，女児にとって比較的緊張感が少ない場面（例：相談室）から緊張感が高い場面（例：幼稚園の教室）へと段階的に移行する過程の中で，少しずつ会話ができるように支援する方法です。このような方法を適用するためには，教師とカウンセラーとの信頼関係に基づく連携が欠かせません。

また，なぜそのような支援が適切であるのかを関係者が理解すると，より効果的な支援を行うことができます。そのため，沢宮・田上（2003）では，女児本人への支援だけでなく，幼稚園の教師に対するコンサルテーションを行っています。コンサルテーションとは，異なった専門性や役割をもつ者同士が子どもの問題状況について検討し，今後の援助の在り方について話し合うプロセス（作戦会議）のことです（石隈，1999）。このコンサルテーションによって教師は女児への援助方法について理解を深めることができ，教師の支援によって女児の幼稚園での発話量がスムーズに増えていきました。

さらに，問題解決的教育相談では，保護者への支援も重要です。子どもが何か問題を抱えていると，保護者も不安になったり，早く何とかしてあげたいと焦ってしまったりして，子どもに安定した気持ちで関わることが難しくなります。沢宮・田上（2003）の事例では，保護者の不安を受け止め和らげるだけでなく，女児への関わりに関する心理教育を行い，保護者が安心して子どもと関わることができるように配慮しています。首藤（2011）も，強迫症状を示す小学生男児の事例において，母親を対象に心理教育を行い，保護者を共同援助者とすることで早期に症状を消失させることに成功しています。多くの事例において，保護者は子どもの一番の支援者です。保護者が，わが子に対してどのような支援が必要であるかわかること，そして保護者自身の関わりによってわが子が笑顔になったり，できることが増えたりすることは，保護者の安心や自信にもつながります。

一方，大変な状況の中では，保護者が子どもに振り回されて疲労困憊し，無力感に苛まれたり，一時的に子どもに関心をもてなくなったりすることがあります。そうした時，保護者の苦しみや憤り，言うに言われぬ思いを1つひとつ受け止め，労をねぎらっていくような関わりも重要です（山本・田上，2004）。保護者の心の準備ができないままに心理教育を急いでしまうと，保護者との関係が悪化し，結果的に問題解決が遅れてしまうおそれがあります。問題解決的教育相談においては，子どもと保護者のねがいをよく理解し，その心の揺れに寄り添いながら，タイミングよく必要な支援を提供していくことが求められます。

## 3. チームで支援するために何が必要か

### (1) チームの重要性

複雑化・多様化した課題に対応し，子どもに必要な資質や能力を育成するため，「チームとしての学校」の必要性が指摘されています（文部科学省，2015）。教育相談においては，従来から，教師や養護教諭，スクールカウンセラー，スクールソーシャルワーカーといった専門性が異なる者が連携し，子どもや保護者への支援が進められてきました。前項で挙げた事例においても，複数の支援者がチームとなり機能することで，効果的な支援を展開しています。子どもへの対応を一人の教師や専門家に任せてしまうのではなく，個別の相談はチーム援助の中の強力な援助分野の1つ（豊永，2011）として位置付け，各自が役割を分担しそれぞれの立場から積極的に関わっていくことが，早期の問題解決につながります。

特に，危機的な状況における教育相談では，チームで関わることが大切です。例えば，自分が関わっている子どもに自殺のおそれがあると判断される場合，迅速な対応を迫られます。しかし，こうした危機的な状況での支援方法について十分な研修ができている教師はほとんどいません（宮前ら，2018）。一方，日ごろ，子どもの自殺について意識する頻度が高い教師ほどメンタルヘルスが阻害される傾向があることが示されています（Miyamae et al., 2013）。危機的な状況に一人で対応しようとしてしまうと，支援者側の心の健康が脅かされるおそれがあるのです。

また，危機的な状況が生じてしまってから機能するチームをつくることはできません。教育相談では非常にプライベートな情報を扱いますから，チームの構成員には信頼関係が不可欠です。一朝一夕にできるものではありませんが，教育相談の実践において，支援者間の関係が良好であること，そして大切な子どもの情報が厳守されるという安心感があることは重要です。教師が一人で抱え込まざるを得ない状況をつくらないように，管理職のリーダーシップのもと組織体制を整える必要もあるでしょう。

### (2) チームでのアセスメントと支援方針の共通理解

予防的・開発的教育相談，問題解決的教育相談のいずれにおいても，効果的な支援を行うためには十分なアセスメントが欠かせません。アセスメントを適切なものにするためには，一人の教師による行動観察や子どもの心理検査の結果といった情報だけでは不十分です。それぞれの場面によって子どもは様々な顔を見せ，様々なやり方で自分のねがいや思いを表現していますから，その子どもに関わる複数の教師や関係者がチームとなってアセスメントを行うと，お互いに貴重な情報を得ることができます。

チームでアセスメントするためのツールも開発されています。石隈・田村（2003）は，石隈・田村式援助チームシートを開発しています。このシートは，子どもの気になる点に加えて“いいところ”も記入していくものになっています。チームで作成できるので，他の教師の話から子どもの意外な一面（得意なことやこだわりなど）に気づかされることも少なくありません。また，小林（2011）は，複数の支援者が話し合いながら子ども理解を深められる方法として，マッピング法を挙げています。支援者が子どもや保護者になりきって，困っている場面を想像しながら図を作成していくもので，子どもや保護者の苦しみをひしひしと実感できるようになっているのが特徴です。マッピング法では，支援者が一人では抱えきれない苦しみと直面してしまう場合もあることから，事例に関わる仲間と話し合いながら進めていくのがよいとされています。

また，アセスメントから導き出された関わりや手立てについても，支援者間で共通理解する必要があります。支援者がそれぞれ異なる方針で行動してしまうと，子どもや保護者を混乱させてしまう危険があるからです（石隈，2003）。教育相談における「共通理解」とは，大切にしなければならない支援方針を支援者全員が十分に理解した上で，互いが互いの具体的な関わりの方向性を了解していることです（小林，2012）。共通理解が曖昧であると，チームは機能しません。具体的な理解が求められます。例えば，欠席が増えてきた子どもの例で考えてみますと，①支援方針をふまえ，担任は本人に対して具体的にどのような支援をするのか。②本人は保健室で過ごすことも多いが，養護教諭はどう関わるのか。③保護者は学校の対応に不満を感じているが，誰がどう対応するのか。……など，各自の動きを共通理解しておくのが望ましいです。それにより，チームで同じ見通しをもって動くことが可能になりますし，何より，各自が安心して自分の役割を果たしていくことができます。

多忙な中では，チームの構成員が集まって話す時間をつくるのは難しい場合も多いかもしれません。しかし，効果的なチーム支援を行うためには，チームでのアセスメントと，具体的な行動レベルでの共通理解が必要であるといえるでしょう。

### ● 引用文献


石隈利紀（1999）．学校心理学　教師・スクールカウンセラー・保護者のチームによる心理教育的援助サービス　誠信書房

石隈利紀・田村節子（2003）．石隈・田村式援助シートによるチーム援助入門―学校心理学・実践編―　図書文化社

伊澤　孝（2015）．事例紹介と実施のポイント―より効果的に行うために　田上不二夫（監修）　学級の仲間づくりに活かせるグループカウンセリング　対人関係ゲーム集（pp. 100-121）　金子書房

笠井孝久（2015）．教育相談に対して教師が直面する困難　千葉大学教育学部研究紀要，*63*, 187-197.

小林正幸（2011）．２人からできる校内研修　第４回　マッピング法　月刊学校教育相談，2011年７月号, 50-53.

小林正幸（2012）．２人からできる校内研修　第10回　セブンクロス法　月刊学校教育相談，2012年１月号, 50-53.

近藤邦夫（1994）．教師と子どもの関係づくり―学校の臨床心理学　東京大学出版会

Miyamae, Y., Miyatake, N., Miyamae, J., Suzue, T., Sakano, N., Nagatomi, T., ... Hirao, T. (2013). A pilot study evaluating the factors associated with psychological distress of school teachers in Kagawa prefecture, Japan. *Health, 5*, 985-988.

宮前義和・植田和也・七條正典・山本木ノ実・毛利　猛・宮前淳子…谷本里都子（2017）．香川大学教育学部の教職志望学生が教員になるにあたって感じている不安に関する調査　香川大学教育実践総合研究，*34*, 83-92.

宮前義和・宮前淳子・宮武伸行・坂野紀子・鈴江毅・永富太一…平尾智広（2018）．医師，保健師，臨床心理士，教員の自殺予防研修の実態と必要性に関する研究　地域環境保健福祉研究, *21*, 23-31.

文部科学省（2010）．生徒指導提要　第5章第1節　教育相談の意義

文部科学省（2015）．チームとしての学校の在り方と今後の改善方策について（答申）文部科学省中央教育審議会第185号　http://www.mext.go.jp/b_menu/shingi/chukyo/chukyo0/toushin/__icsFiles/afieldfile/2016/02/05/1365657_00. pdf（2019.10.31閲覧）

文部科学省（2019）．平成30年度児童生徒の問題行動・不登校等生徒指導上の諸課題に関する調査結果について　http://www.mext.go.jp/component/a_menu/education/detail/__icsFiles/afieldfile/2019/10/25/1412082-30.pdf（2019.10.31閲覧）

大谷哲弘・粕谷貴志（2014）．高等学校入学時における学級適応を目的としたグループアプローチプログラムの検討　カウンセリング研究, *47*, 96-107.

沢宮容子・田上不二夫（2003）．選択性緘黙児に対する援助としてフェイディング法に対人関係ゲームを加えることの意義　カウンセリング研究, *36*, 380-388.

首藤祐介（2011）．強迫症状を示す児童への母親を主たる実施者とした認知行動療法的アプローチ　心理臨床学研究, *28*, 729-739.

橘　和代・近藤章子・宮前義和（2006）．自己有用感を高めるピア・サポート活動の研究報告―予防教育的な指導の実践を通して―　香川大学教育学部附属高松中学校研究報告, *3*, 119-130.

田上不二夫（2003）．対人関係ゲームによる仲間づくり―学級担任にできるカウンセリング　金子書房

豊永亨輔（2011）．チーム援助の実践を通して教育相談の魅力を伝える　月刊学校教育相談，2011年10月号, 8-11.

山本淳子・田上不二夫（2004）．父親の“分からなさ”への援助と父子関係の変容との関係　カウンセリング研究, *37*, 319-327.

山下陽平・窪田由紀（2017）．小学3年生を対象とした対人関係ゲーム・プログラムの効果の検討―対人不安傾向・ソーシャルスキル・学級集団の凝集性に着目して―　カウンセリング研究, *50*, 121-132.

# 8章

# いじめ問題への理解と対応

## 1. どこからが「いじめ」か

一人の子が別の子の容姿についてからかう（イジる）と，からかわれた子はおどけて大げさなリアクションをとりました。すると周囲でその様子を見ていた子どもたちの間で大きな笑いが起こりました。小中学校の学級内で日常的に見られる光景です。さて，こうした児童生徒の様子を目にした教師はどのような行動をとるべきでしょうか。ある教師はこれを「いじめ」と判断して，からかった子や周囲で笑っていた子どもたちを指導するかもしれません。また別の教師は，合意のもとで行われている遊びやふざけ合いの範疇であると判断して深刻にはとらえないかもしれません。やった側とやられた側の児童生徒の普段の行動，両者の関係性，学級の雰囲気，周囲で観ていた子どもたちの表情や反応，さらには教師自身の経験や価値観など，実に様々な要因によって子どもたちの言動に対する教師の理解や判断は変わってしまいます。特にこの例のように，ごく初期段階の，いわゆる「いじめの芽」と呼ばれるような軽微な行為の場合には，やった側も，やられた側も，また周囲で観ていた子どもたちも，「いじめ」だと認識していないことも少なくありません。やられている側の子も一緒になって笑っているような場面では，教師はなおさら判断に迷います。しかしながら，ひとたび重大事態へと発展すれば，学校や教師は，「なぜ見過ごしたのか」とその責任を問われます。いじめの定義の適切な理解と運用は，いじめの正確な実態把握，適切な予防・対応，そして子どもの自殺などの重大事態を招かないというリスク管理の観点からも非常に重要なのです。

現在，日本の公式ないじめの定義は，平成 25（2013）年に成立・施行されたいじめ防止対策推進法（平成 25 年法律第 71 号）第 2 条において次のように定められています。

「この法律において「いじめ」とは，児童等に対して，当該児童等が在籍する学校に在籍している等当該児童等と一定の人的関係にある他の児童などが行う心理的又は物理的な影響を与える行為（インターネットを通じて行われるものを含む。）であって，当該行為の対象となった児童等が心身の苦痛を感じているものをいう」

本定義の特徴は，従来の定義では「いじめ」と判断され難かった行為を含むより広範な行為を「いじめ」として認知するよう求めている点です（図8-1）。このことは，本定義が一般に「いじめ」と認知されないようなささいな行為であっても，見過ごされ，被害が継続すれば，時に自殺などの重大な事態にまで深刻化してしまうことがあるという事実をふまえ，そのような重大事態に陥る前に，ごく初期の軽微な行為の段階で事態を把握し，適切に対応することの重要性を示したものであることを理解することが重要です（文部科学省，2016）。

**図8-1　社会通念上のいじめと法律上のいじめ**
（文部科学省，2013「いじめ防止対策推進法」をもとに作成）

## 2. 「いじめ」はどのように進行するのか

### (1) いじめの四層構造論

定義にもあるように，いじめは既存の人間関係に基づいて行われる「関係内攻撃」です。森田・清永（1994）は，このいじめを取り巻く人的関係性について，デュルケム（1971）による社会反作用説に基づいて，いじめを集団構造の観点からとらえ，いじめを受けている被害者（第1層）を中心に，その周囲にいじめ行為をしている加害者たち（第2層）が，またその周囲に，いじめを見て楽しんでいる観衆層の子どもたち（第3層）が，さらにその外側にはいじめに関わるのを避け，見て見ぬ振りをしている傍観者層の子どもたち（第4層）がいるという「いじめの四層構造論」を提唱しました（図8-2）。私たちが行う様々な社会行動は，行為者の周囲にいる者が示す当該行為への是認や称賛（肯定的反作用），あるいは，否認や抑止（否定的反作用）によって統制され，この統制によって社会集団の秩序は保たれていると考えられます（森田ら，1994）。いじめ行為のように一般に望ましくないとされる逸脱行動に対しては，それを止めるために，観衆層や傍観者層など周囲の子どもたちから否定的な反応が示されなければなりません。もし誰もそのいじめを非難したり，止めようとしたりしなければ，加害者層の子どもたちは，自分たちの行動が周囲から支持されていると考え，その行動をますますエスカレートさせていく危険性も否

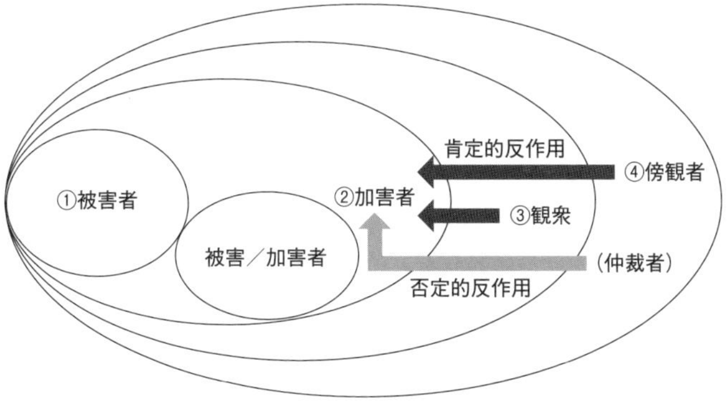


**図8-2　いじめの四層構造**（森田・清永，1994をもとに作成）

定できないのです。そのような事態を防ぐためには，学級内にいじめ行動に対して否定的な規範を醸成するとともに，普段から子どもたちが臆することなく仲裁行動や支援行動がとれるような学級環境づくりが不可欠です。

### (2) いじめの深刻化のプロセス

いじめに対する否定的な反作用力が衰えた学級では，被害が深刻化しやすく，またいじめられている子は，被害がさらに深刻化することを恐れ，周囲に助けを求められず，被害を隠すことさえあります。中井（1997）は，自身がいじめられた経験をもとに，いじめの被害が深刻化していくプロセスを三段階過程で描いています。

いじめ被害の第一段階は「孤立化」です。この段階では，いじめる側が，いじめの標的となる子の欠点を探し，それを周囲の子どもたちにアピールすることで差別意識をもたせるとともに，標的となった子がいかにいじめられるに値するかのPR作戦を行います。このPR作戦によって標的とされた子は学級内で孤立することになります。これに続く第二段階は「無力化」です。標的となった子に対して様々な攻撃を繰り返すことで，周囲に味方がいないことや，抵抗しても無駄であることを知らしめるとともに，「告げ口」への制裁や内心の反抗への制裁などによって被害者を「進んで，自発的に隷従」させ，加害者は快い権力を感じるようになります。いじめ被害の最終段階が「透明化」です。この段階に至ると，被害者は，次第に自分の誇りを自分自身で掘り崩していきます。そして一部は傍観者たちの共謀によって，そこにあるいじめが「見えない」状態にされてしまいます。加害の予見不可能性の演出や，時に加害側に立たせることによる純粋被害者という立場の剥奪，さらには搾取した金品の浪費や廃棄などによって被害者はますます自己卑下に陥り，加害者との関係から逃れられなくなるのです。

### (3) いじめのプロセスモデル

戸田ら（2008）は，いじめの深刻化のプロセスを加害側の集団化と，被害側の無力化という観点から検討した「いじめのプロセスモデル」を提唱しています（図8-3)。学級のようなある程度固定化された集団の中でのいじめは，初

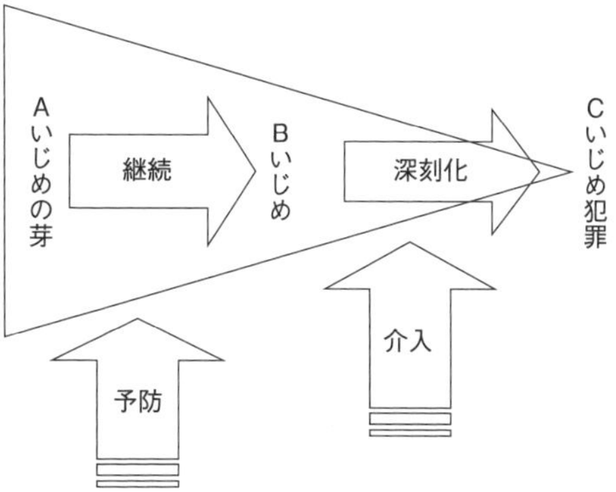


**図 8-3　いじめのプロセスモデル**（戸田ら，2008）

期段階においてはごくささいな行為が，被害者と加害者が入れ替わりながらそこかしこで見られるという状態です。ところが，時間の経過とともに，特定の子がいじめの標的として固定化され，その子に対してより深刻な行為が高頻度で集中的に行われるようになります。この時，同時に周囲の子どもたちが観衆や傍観者となって加害者の側に立つことで，標的とされた子は周囲に助けを求めることもできずに孤立化・無力化していくのです。戸田らは，この加害側の集団化と被害側の無力化が一定程度進んだ状態を「いじめ」と呼び，まだその段階までは至らない初期の段階のものは「いじめの芽」として区別することを提案しています。さらに「いじめ」が深刻化し，恐喝や傷害などで加害側が逮捕されるような事態については「いじめ犯罪」として，やはり区別すべきとしています。これらの区別は，学校や教師がどのタイミングでどのような介入をすべきかについても提案するものです。まだ初期の「いじめの芽」の段階であれば，学年や学級を対象とした全体指導によって学級環境を落ち着かせるなど一次的支援でも一定の効果が期待できるでしょう。一方，「いじめの芽」が「いじめ」へと進行してしまった状態であれば，より個別的かつ組織的な二次的・三次的支援が必要になります。

## 3.「いじめ」の防止のために何ができるか

### (1) 早期発見・早期対応のための情報共有と組織的対応

いじめ防止のためには，早期の「いじめの芽」の段階での積極的認知が重要であることは先述したとおりです。このことはいじめ防止対策推進法および本法によって定められた「いじめ防止等のための基本的方針（以下，基本的方針）」（文部科学省，2017）においても最も重要な施策の一つとして挙げられています。しかしながら，いじめの積極的認知は，あくまでもいじめ対応の入り口に過ぎず，その後の適切な対応が重要であることはいうまでもありません。例えば，「広範な定義による積極的認知と全件組織的対応」（法第23条）を基本方針とする中で，態様も深刻さも異なる様々ないじめ事案の中から優先的に介入すべき事案を見つけ出すことはとても重要です。この点について戸田ら（2008）は，「加害者／被害者比率（BVR）」という新たな集団化指標を提案し，金綱と戸田（Kanetsuna & Toda, 2017）が，中学校におけるいじめ予防・対応実践の評価研究より，このBVRが従来指標であるいじめの加害・被害報告件数が示す情報とは異なる観点から，優先的に介入すべき学年や学級の存在を示してくれるものであるとその有用性について報告しています。

法の定義に基づいて認知されたいじめ事案は，定義と同様に法第22条によって設置が義務付けられている校内の「いじめ対策組織」に対して，法第23条に基づき速やかに報告され，情報が組織的に共有されることが求められています。基本的方針においては，特に事実関係の把握，いじめであるか否かの判断は組織的に行うことが必要であり，当該組織が，情報の収集と記録，共有を行う役割を全うするためには，個々の教職員が，ささいな兆候や懸念，児童生徒からの訴えを抱え込まずに，または対応不要であると個人で判断せずに，直ちにすべて当該組織に報告・相談することの重要性が明記されています。さらに，こうして共有された情報をもとに，校長のリーダーシップのもと，生徒指導担当，学年主任，養護教諭，学級担任などの教職員，さらには，必要に応じて，スクールカウンセラーやスクールソーシャルワーカー，警察機関などの学校内外の専門家や専門機関と積極的に連携を図りながら，「チーム学校」として被害児童生徒への支援および加害児童生徒への指導を組織的かつ適切に行うことが定められています（文科省，2013，2017）。

### (2) いじめの加害や傍観の動機について考える

いじめの加害者については以前より「共感性が乏しく他者の気持ちがわからない」(Randall, 1997)，「社会的スキルが欠けている」(Crick & Dodge, 1994)，「自尊感情が乏しく自分に自信がもてない」(O'Moore & Kirkham, 2001) などその不適応的な側面に注意が向けられてきました。ところが，このような「いじめをする子は不適応」という認識について，スミス（Smith, 2014）は，最大限肯定的に見ても，いじめの真実を一側面からのみとらえたものであり，多くの場合は議論を間違った方向へと導くものであると警鐘を鳴らしています。少なくとも一部の加害者は，社会的状況を的確に判断し，周囲を巧みに操作しながら，学級集団内での支配力や地位の向上，あるいは自尊心や有能感の向上など，自身の欲求や目標・目的の達成，さらには様々な報酬の獲得のためにいじめを手段として用いながら実に適応的に行動しているのです（Salmivalli et al., 2010; Smith, 2014）。

では，傍観者となっている子どもたちはどうでしょう。森田（2001）は，日本の中学生は，イギリスやオランダの中学生とは反対に，学年進行が進むほど仲裁者となる者の比率が下がる傾向を明らかにしています。シュスター（Schuster, 1999）は，スケープ・ゴート理論を用いて，すべての学級において特定の子どもが合理的な理由もなくいじめの標的とされ，一定期間継続して学級内のあらゆる敵意の対象とされることで，他の子どもたちが被害者にならずにすんでいるのだと主張しました。シュスターの主張は，後にマハダビとスミス（Mahdavi & Smith, 2007）によって，必ずしもすべての学級においてスケープ・ゴート現象が起こっているわけではないと否定されましたが，傍観者となる子どもの多くが，いじめの存在を知りながら仲裁せずに見て見ぬ振りをすることについて，「自身が次の標的になりたくないから」との理由を挙げている（Kanetsuna, 2016）ことからもシュスターの主張が全くの的外れなわけではないことがわかります。いじめの当事者を取り巻く周囲の子どもたちには，いじめの悲惨な結末を伝え，仲裁者としての意識と責任に気づかせることで，加害者に肯定的なフィードバックを与える行動から，被害者への寄り添いと支援の行動へと変容を促すことが重要なのです。

### (3) 子ども主導のいじめ防止対策の有用性

いじめの当事者を取り巻く周囲の子どもたちの意識と行動の変容を促す有用な方策の一つに，児童生徒自身がいじめ防止に資する活動に主体的に関わっていくという「子ども主導」による取り組みがあります。2007年に大阪府寝屋川市内の全公立中学校の生徒会執行部員が，自分たちの身近な問題について皆で話し合いたいという希望から始まった寝屋川市中学生サミットはその先駆けであり，現在では同様の取り組みが西日本を中心に多くの自治体で行われています（宮川ら，2013; 渡辺，2009)。この取り組みの特徴は，ピア・サポートの考え方に基づいた「子ども中心」の活動であることです。子どもたちが自らテーマを決め，課題や改善策について協議し，実践につなげていく取り組みであり，学校や教育委員会など大人は，彼らがスムーズに話し合いが行えるよう環境を整え後方支援に徹します。子ども主導の取り組みは，大人が主導する種々の活動に対して否定的な意識をもっている児童生徒であっても，自分と同じ仲間が主導しているということから前向きに参加しやすいという利点があります。

しかしながら，その一方で，すべての児童生徒が協力的とは限らず，取り組みに参加した子どもたちと，参加していない子どもたちとの間に，いじめ問題に対する意識に大きな差が生まれてしまうこともあります。特に各学校の代表が集まるサミットのような場では，意欲のある子ども同士の積極的な意見交流が見られても，各々が自身の学校で取り組みの成果をどう波及させていくのかについてはまだまだ課題が残されています。そのため，周囲の大人たちが子どもたちの間の意識の差に目を向け，意欲ある児童生徒のやる気が削がれてしまわないように意識の低い子どもたちへの積極的な働きかけが取り組みの成功への鍵となります。

## 引用文献


Crick, N. R., & Dodge, K. A. (1994). A review and reformulation of social information-processing mechanisms in children's social adjustment. *Psychological Bulletin, 115,* 74-101.

Durkheim, É. (1893/1960). *De la division du travail social: Étude sur l'organisation des sociétés supérieures* (7e ed.). Paris: P. U. F. (田原音和（訳）(1971). 社会分業論　青木書店)

Kanetsuna, T. (2016). Comparisons between English bullying and Japanese ijime. In P. K. Smith, K. Kwak, & Y. Toda (Eds.), *School bullying in different cultures-eastern and western perspectives* (pp. 153-169). Cambridge: Cambridge University Press.

Kanetsuna, T., & Toda, Y. (2017). Applying multiple indices to monitor bullying longitudinally: A case of a Japanese junior high school. *Psychological Test and Assessment Modeling, 59*(2), 135-156.

Mahdavi, J., & Smith, P. K. (2002). Individual risk factors or group dynamics? An investigation of the scapegoat hypothesis of victimization in school classes. *European Journal of Developmental Psychology, 4,* 353-371.

宮川正文・竹内和雄・青山郁子・戸田有一 (2013). ネット問題とネット相談掲示板実践　〈教育と社会〉研究, *23,* 41-52.

文部科学省 (2013). いじめ防止対策推進法交付について（別添１） http://www.mext.go.jp/component/a_menu/education/detail/__icsFiles/afieldfile/2018/08/21/1140003_001_1_1.pdf (2019.09.04 閲覧)

文部科学省 (2016). いじめの正確な認知に向けた教職員間での共通理解の形成及び新年度に向けた取組について（通知）別添資料「いじめの認知について」 http://www.mext.go.jp/b_menu/shingi/chousa/shotou/124/shiryo/__icsFiles/afieldfile/2016/10/26/1378716_001.pdf (2019.09.04 閲覧)

文部科学省 (2017). いじめ防止等のための基本的な方針（最終改定平成 29 年 3 月 14 日） http://www.mext.go.jp/component/a_menu/education/detail/__icsFiles/afieldfile/2019/06/26/1400030_007.pdf (2019.09.04 閲覧)

森田洋司（監修）(2001). いじめの国際比較研究：日本・イギリス・オランダ・ノルウェーの調査分析　金子書房

森田洋司・清永賢二 (1994). いじめ―教室の病　金子書房

中井久夫 (1997). アリアドネからの糸　みすず書房

O'Moore, M., & Kirkham, C. (2001). Self-esteem and its relationship to bullying behaviour. *Aggressive Behavior, 27,* 269-283.

Randall, P. (1997). *Adult bullying: Perpetrators and victims.* London: Routledge.

Salmivalli, C., Kärnä, A., & Poskiparta, E. (2010). Development, evaluation, and diffusion of a national anti-bullying program, KiVa. In B. Doll, W. Pfohl, & J. Yoon (Eds.), *Handbook of youth prevention science* (pp. 238-252). New York: Routledge.

Schuster, B. (1999). Outsiders at school: The prevalence of bullying and its relation with social status. *Group Peocesses & Intergroup Relations, 2,* 175-190.

Smith, P. K. (2014). *Understanding school bullying: Its nature and prevention strategies.* London: Sage.

戸田有一・ダグマー ストロマイヤ・クリスチアーナ スピール (2008). 人をおいつめるいじめ：集団化と無力化のプロセス　谷口弘一・加藤　司（編）対人関係のダークサイド（pp. 117-131）北大路書房

渡辺　研 (2009). ぼくたちができることは何だろう…　寝屋川市中学生サミットからのアピール　教育ジャーナル, *11*, 8-18.

# 9章

# 子どもの無気力感の仕組みと援助

## 1. わが国における子どもの無気力感はどんな状況なのか

### (1) 子どもの無気力感と学校現場における諸問題

現在の学校現場では，いじめ・不登校・非行・自殺……といった多様な子どもの問題が現象化しています。文部科学省（2018）の不登校に関する統計調査によると，本人に関わる問題において，小学生・中学生ともに「不安の傾向がある」に次いで「無気力の傾向がある」が多い結果となっています。また厚生労働省（2019a）の自殺対策白書によると，日本の 10 歳～19 歳までの若年層の死因の第 1 位が自殺であり，アメリカ・フランス・イギリスに比べ高い比率であることが報告されています。さらに日本の小学生・中学生の抑うつリスクの割合は欧米を上回っている（傳田，2004）との指摘もあります。また高校生の意識調査で，「自分の希望はいつか叶うと思う」「私は将来に対し，はっきりした目標を持っている」という項目が，アメリカ・中国・韓国の中で最下位であった（国立青少年教育振興機構，2015）こともふまえると，日本の子どもたちの生きる意欲は低いと考えられます。

### (2) 子どもの無気力感とその背景

鍋田（2007）は教育相談にかかる子どもの多くが，対人関係の過敏さから自ら環境に働きかけることをせず，うまくいかないとすぐ引き下がり，自分の気持ちが曖昧で語れない，といった特徴をもっていると指摘しています。そしてこうした現象の背景には，保護者との不安定な関係性や過剰な距離の近さ，家庭での被疎外経験などの影響が示唆されています（鍋田，2007）。また新井（2013）は，自分という人がどういう人なのか自己紹介できない学生が増えていると警鐘を鳴らしています。「自己についての物語」は，他者との関わりを通じて「他人とは異なる，他者としての自分」を発見して形成される（新井，2013）ことをふまえると，大学生が「自分を物語れない」背景には，他者への過敏性による自発行動の低下や，それに伴う自分の気持ちの曖昧さが関係しているのかもしれません。

一方，傳田（2004）は子どものうつの実態調査の結果から，学校生活に加えて，放課後や週末の通塾・部活・習い事などで子どもが疲弊している可能性を指摘しています。そしてこうしたリスクをもった子どもたちは，環境の変化やストレスフルな出来事などがきっかけで，うつ病を発症する可能性が高いことを示唆しています。ひと昔前は，学校でストレスを抱えたり，エネルギーを消耗しても，放課後に遊んでストレスを発散し，帰宅後に家族の団らんでエネルギー補給をして，次の日また頑張って学校に行く……というサイクルが一般的でした。しかし現代はもはやそのような時代ではなく，子どもは学校のみならず放課後や週末も，ストレスを抱えたままエネルギーを消耗し続け，発散や補給の機会がない生活が常態化しています。その結果，心と身体がガス欠に陥り，そのSOSとして子どもたちはうつを発現しているのかもしれません。

### (3) 子どもの環境としての大人の現状

平成9年（1997）以降，男性雇用者と専業主婦の家庭を，共働き家庭が上回っている状態が続いており，その差がますます開いています（内閣府，2018）。また厚生労働省（2019b）によると平成29（2017）年度の1世帯当たりの平均所得は551万円でしたが，児童のいる世帯では743万円であったことから，多くの家庭が共働きで子育てをしている様子がうかがわれます。

一方，文部科学省（2018）によると，平成29（2017）年度の教員の病休者のうち精神疾患によるものが55%と過半数以上を占め，前年度比でも増加していることが報告されています。こうしたことの背景には，教師ストレスの問題の深刻化（高木ら，2008）や教師の多忙性（柴崎，2008）があると考えられます。柴崎（2008）は教師の多忙性について，調査・報告書などの事務量の増大，会議・係の増加，数値目標達成課題（実力テスト・不登校やいじめ対策など）の増加，発達障害や対応が困難な児童生徒の増加などを指摘しています。

こうした中わが国では，長時間労働の是正や雇用形態に関わらない公正な待遇の確保など（厚生労働省，2018），働き方改革が推し進められています。裏を返せば，これまでの大人の働き方において，長時間労働や公正でない待遇が深刻化していたということでもあります。つまりこうした政策の推進は，子どもを取り囲む大人の精神的・物理的余裕が，家庭でも学校でも失われている現状の反映ともいえます。

## 2. 子どもはどのように無気力になるのか

脳科学による子どもの認知情動発達の知見によると，思考・記憶・理解・推理・判断などを司る大脳新皮質を基盤とした認知システムは，思春期頃に劇的に変化し成人になるまでゆっくりと発達することが指摘されています（中村，2014）。また心理学においては，ザイアンス（Zajonc, 1984）が，本能・情動・原始的感覚を司る大脳辺縁系を基盤とした情動過程は認知に先立って発生し，情動が思考や認知過程を生み出すことを示唆しています。以上から，思春期以前の子どもと思春期以降の子どもは，脳機能の発達的違いが存在することがわかります。つまり，思春期以前の小学生の子どもの多くは，考える力（認知）以上に感じる力（情動）の影響を受けやすいこと，思春期以降の中学生は，感じる力（情動）に加えて，考える力（認知）の影響が加算されることが推察されます。さらに考える力の発達（認知発達）に焦点を当てると，児童期は具体的な課題に基づく論理思考ができる具体的操作期であり，思春期以降は抽象的な推論や論理思考ができる形式的操作期であることから，小学生と中学生の考える力には質的な違いがあることがわかります。以上から小学生と中学生ではその発達段階の違いから，感じる力と考える力の優位性や，考える力の性質において違いがあり，無気力感の仕組みについても，違ったメカニズムが働いている可能性が考えられます。

### (1) 児童期の子どもの無気力感のしくみ

児童期は先に述べたように考える力の発達が十分でないため，ストレスを感じても，それを認知・言語化することが難しい時期です。こうしたことから，保護者や教師といった身近な大人から，言葉にならない気持ちを汲み取ってもらい，それを言語化する援助が必要な時期ともいえます。しかし最近の学校現場では，「ああしなさい」「こうしなさい」といった大人から子どもへの考えや要求が送信過多になる一方，子どもの気持ちが大人に十分受信されないことに基づく子どもの不適応が増えています（牧，2013）。そして，大人に受信されず認知・言語化されないままの「気持ち」は，心因性嘔吐や心因性視力障害などの身体症状化や，いじめや非行などの行動化（大河原，2004）として表現されるといわれています。このように大人が子どもの気持ちを十分汲み取れていない現状の背景には，先述したように，子どもを取り囲む大人の精神的・物理的余裕のなさが反映されているのかもしれません。

牧（2019）は，以上の問題意識に加えて，情動や感情経験の言語化を回避すると不安や抑うつへとつながる（Greenberg, 2010）といった知見をもとに，保護者との情動交流が小学生の無気力感に与える影響を検討しました（図9-1）。その結果，ポジティブ情動（うれしい，楽しいなど）だけではなく，ネガティブ情動（イライラ・悲しいなど）も子どもが保護者に話せて聴いてもらえると，うまくいかない時対処行動がとれる自信（コーピング・エフィカシー）が高まり，自分の行動で結果がコントロールできた経験（随伴経験）が増え，無気力感が低くなることがわかりました。また子どもがネガティブ情動を保護者に聴いてもらえると自他への不信感（思考の偏り）が低くなり，自分

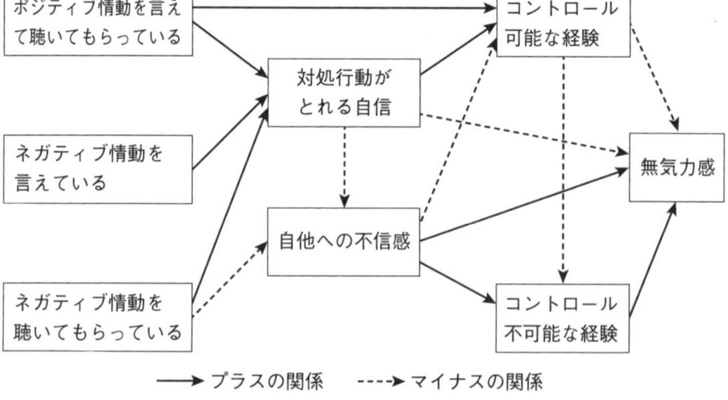


**図9-1　小学生における無気力感の構造**（牧，2019を一部改変）

の行動で結果がコントロールできなかった経験（非随伴経験）は少なく，自分の行動で結果がコントロールできた経験（随伴経験）は多く認知されて，無気力感が低減することも併せてわかりました。

つまり，児童期の子どもはポジティブ情動のみならず，ネガティブ情動も含めて，保護者に話し受けとめられることで，少し嫌なことがあっても頑張れるという意欲が補給され，自分や他人を信用できない気持ちが和らぐことが示唆されました。そしてその結果，経験を肯定的にとらえられる機会が増え，無気力感が高まりにくくなると考えられます。

### (2) 思春期の子どもの無気力感の仕組み

一方思春期は，児童期に比べて考える力の発達が促進され，ストレスを感じても，それをある程度認知・言語化できるようになる時期です。

ノーレン・ホークセマら（Nolen-Hoeksema et al., 1992）によると，10歳児の抑うつは否定的な出来事が直接影響していましたが，12歳以降の子どもの抑うつは，出来事をどのような原因に帰属させるかが影響していたことが報告されています。また自分の行動がどのような結果をもたらすかといった随伴性判断は，思春期以降により現実化する（鎌原・樋口，1987）ことも指摘されています。以上から，抽象的な考え方ができるようになる形式的操作期（Turner & Cole, 1994）の思春期は，経験に基づく判断や解釈などが，無気力とより関係するようになると考えられます。

こうした思春期の発達段階を鑑み，牧（2011）は，経験（随伴経験・非随伴経験）と，経験に基づく対処行動への自信（コーピング・エフィカシー）・自他への不信感（思考の偏り）が，中学生の無気力感に与える影響を検討しました（図9-2）。その結果，中学生の無気力感には，２つの流れがあることがわかりました。１つめは，自分の行動で結果がコントロールできた経験が少ないと，対処行動をとれる自信が低くなり，無気力感になりやすくなる流れが示唆されました。そしてこの「行動で結果がコントロールできた経験が少ない」ことは，「行動で結果がコントロールできなかった経験」によるものではなく，「行動そのものをあまりしていないこと」である可能性もわかりました。つまり，行動をあまりしないと，経験に基づく対処行動への自信が形成されにくく

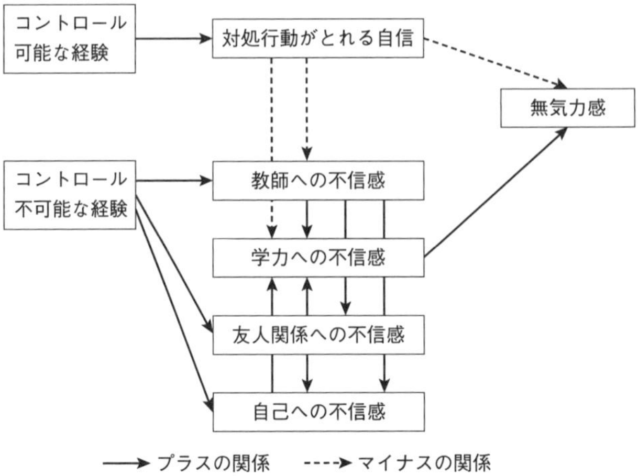


**図 9-2　中学生における無気力感の構造**（牧，2011 を一部改変）

なり，それが無気力につながるという流れが確認されました。２つめは，自分の行動で結果がコントロールできなかった経験が多いと教師・友人・自分への不信感が高まり，その影響が学力への不信感につながって，無気力感に影響している流れが示唆されました。

以上から中学生の無気力感には，自分なりに行動はしたけれど，うまくいかない経験が重なって自他への悲観的な考えが高くなってしまったタイプ（認知の歪みタイプ）と，そもそも行動しないことから，ストレス事態において対処行動できる自信がないタイプ（自発性低位タイプ）との，２つが確認されました。大芦（2005）は失敗経験の多さに基づく無気力を強迫型無気力，はじめから行動することを諦めている無気力を自発性喪失型無気力と定義していますが，牧（2011）で明らかになった２つの無気力感タイプも，これに対応していると考えられます。また大芦（2005）によると，強迫型無気力は，自分なりに挑戦したけれど結果が伴わなかったことによる学習性無力感（Seligman & Maier, 1967）に対応するが，自発性喪失型無気力は近年増加傾向にあるタイプであると指摘しています。そして後者は，先の鍋田（2007）による「自ら動く力の低下」の指摘と合致しています。

## 3. 教師として子どもの無気力感にどう向き合うか

### (1) 児童期の子どもの無気力感への対応

先行研究（牧，2019）では，児童期の子どもはポジティブ情動とネガティブ情動双方を保護者に話し受けとめられることが無気力感の低減につながることが示唆されました。大河原（2015）によると，大人は子どものポジティブな気持ちは肯定するがネガティブな気持ちは否定しがちであることから，子どものネガティブ情動を大人がどう受けとめるかということがより重要であると考えられます。フェイバとマズリッシュ（Faber & Mazlish, 2012）によると，子どものネガティブ情動に対して大人がしがちな反応として「否定すること」を挙げています。そしてこれを踏まえて，子どもがネガティブな気持ちを話したときの適切な対応として，大人の価値観から否定せず，子どもが感じている気持ちを想像して，汲み取った内容を伝えることを提案しています。多くの大人は子どものネガティブ情動を汲み取るとそれを助長するのではないかという懸念をもちますが，フェイバとマズリッシュ（Faber & Mazlish, 2012）によると，子どもはネガティブ情動を大人に汲み取ってもらうと，内面の経験を認められたという思いで慰められると指摘しています。周囲の大人が自分の内面を理解してくれたという経験が心のエネルギーとなって，またその子なりに頑張れる力の源になるのかもしれません。

### (2) 思春期の子どもの無気力への対応

中学生の無気力感には，認知の歪みタイプと自発性低位タイプが示唆されていたことから，以下タイプ別にその対処方法を考えてみましょう。

まず認知の歪みタイプですが，意欲をもって行動していたけれどうまくいかないことが重なり，自他への不信感が高まって，意欲を失った子どもたちといえます。このタイプの子どもたちは「どうせ自分なんかできない」といった自己不信感と，「人は信じられない」という対人不信感が高いのが特徴です。こうしたことから彼らを援助するには，まず信頼できる大人になる必要があります。そのためには，大人の気持ちや価値観を一端横において，子どもの気持ちや価値観を引き出し，尊重する関わりが有効です。そして信頼関係の構築とともに，子どもの対人不信感が軽減されたところで，自己不信感を改善する試みに入ります。牧（2011）によると，随伴経験に基づく対処行動への自信を高めることによって，考え方の歪み（思考の偏り）が軽減されることが示唆されています。以上から，例えば本人が得意なことを関わりの中から引き出し，学級活動や学校行事などでその力を発揮できる機会を設けることで「行動で結果がコントロールできた経験」を増やし，対処行動への自信を回復させることで，自己不信感が軽減し，無気力感が改善される効果が期待できます。

一方，自発性低位タイプは，そもそも行動しないので，行動で結果をコントロールできた経験自体が少なく，対処行動への自信を獲得したことがありません。このタイプの子どもたちはエネルギーが低めなので，ゆっくり段階を踏んで関わることが必要です。具体的には，本人が興味・関心のあることを，雑談等で少しずつ引き出すことから始めます。そして興味・関心がわかったら，援助者との2者関係や小グループなど無理のない範囲で興味・関心を表現できる機会を設け，それに対し援助者が，認めたり，ほめたりすることで，「行動で結果がコントロールできた経験」を積み上げます。そしてその関わりの中で本人の対処行動への自信を獲得させ，自発行動の頻度を上げてゆくことが有効であると考えられます。

このように，子どもの無気力感の予防・改善に大人が果たす役割は少なくありません。子どもの試行錯誤を見守り，より多様な経験に開かれるよう援助するためにも，まず私たち大人が，目と手を働かせる物理的・精神的余裕をもつことこそ，大切なのかもしれません。

### ● 引用文献

新井克弥（2013）．物語を語れない若者たちは，自己もまた語れない―「物語ること」を教えることの必要性（1）2013年04月21日　https://blogos.com/article/60718/

傳田健三（2004）．子どものうつ　心の叫び　講談社

Faber, A., & Mazlish, E. (2012). *How to talk so kids will listen and listen so kids will talk.* London: Piccadilly Press.（三津乃リーディ・中野早苗（訳）　子どもが聴いてくれ

る話し方と子どもが話してくれる聴き方大全　きこ書房）

Greenberg, L. S. (2010). *Emotion-focused therapy*. Washington, DC: American Psychological Association.

鎌原雅彦・樋口一辰（1987）．Locus of Control の年齢的変化に関する研究　教育心理学研究, *35*, 177-183.

国立青少年教育振興機構（2015）．高校生の生活と意識に関する調査報告書―日本・米国・中国・韓国の比較―

厚生労働省（2018）．働き方改革を推進するための関係法律の整備に関する法律（平成30年7月6日公布）概要

厚生労働省（2019a）．令和元年版自殺対策白書

厚生労働省（2019b）．平成30年　国民生活基礎調査の概況

牧　郁子（2011）．中学生における無気力感の予防・対処要因―時間的・性別要因を入れた検討―　カウンセリング研究, *44*(2), 136-147.

牧　郁子（2013）．子どものコミュニケーション能力は落ちたのか　天王寺教育ノート No. 141　大阪教育大学附属天王寺小学校

牧　郁子（2019）．保護者との情動交流が小学生の無気力感に与える影響―構造方程式モデルによる分析―　教育心理学研究, *67*, 223-235.

文部科学省（2018）．平成29年度「児童生徒の問題行動・不登校等生徒指導上の諸課題に関する調査」

鍋田恭孝（2007）．変わりゆく思春期の心理と病理―物語れない・生き方がわからない若者たち　日本評論社

内閣府（2018）．男女共同参画白書　平成30年版

中村　俊（2014）．感情の脳科学―いま，子どもの育ちを考える　東洋書店

Nolen-Hoeksema, S., Girgus, J. S., & Seligman, M. E. P (1992). Predictors and consequences of childhood depressive symptoms: A 5-Year longitudinal study. *Journal of Abnormal Psychology, 101*(3), 405-422.

大芦　治（2005）．無気力の心理学的視点　大芦　治・鎌原雅彦（編著）無気力な青少年の心（pp. 2-14）北大路書房

大河原美以（2004）．怒りをコントロールできない子の理解と援助　金子書房

大河原美以（2015）．子どもの感情コントロールと心理臨床　日本評論社

Seligman, M. E. P., & Maier, S. F. (1967). Failure to escape traumatic shock. *Journal of Experimental Psychology, 74*, 1-9.

柴崎武弘（2008）．管理職から見た教師の多忙化・多忙感―目くばり，気くばり，ことばくばりを―　月刊生徒指導, *38*, 14-18.

高木　亮・淵上克義・田中宏二（2008）．教師の職務葛藤とキャリア適応力が教師のストレス反応に与える影響の検討―年代ごとの影響の比較を中心に　教育心理学研究, *56*(2), 230-242.

Turner, J. E., & Cole, D. A. (1994). Developmental differences in cognitive diathesis for child depression. *Journal of Abnormal Child Psychology, 22*, 15-32.

Zajonc, R. B. (1984). On the primacy of affect. *American Psychologist, 39*(2), 117-123.

# 10章

# 学級づくりにおける教師の指導行動

## 1. 学級づくりはなぜ難しいのか

学級づくりとは，学級の成り立ちの特殊性から定義すると，公的な指導者である担任教師が，年齢や居住地区によって強制的に集められて形成された学級を児童生徒個人の教育と集団の組織化が共に成立する集団になるよう，形成することを意味します。

私たちは，書籍やテレビあるいはインターネットで学級づくりの様々なノウハウやコツを知ることができます。また，若手教師は，先輩教師から「もっと笑顔で」「子どもをほめて」など学級づくりのコツを伝授されることもあります。しかし，これらを自分で試してもうまくいかず，「自分はスキルが足りないのでは」「自分は向いていないのでは」と落ち込む場合も多いと思います。なぜ，学級づくりのコツやノウハウの効果が見られないのでしょうか。それは，コツやノウハウを学んで学級づくりに取り入れようとする教師のスキルの問題ではなく，コツやノウハウといわれる教師の特定の言動そのものが，必ずしも学級づくりや子どもの教育に効果をもつわけではないからです。この点について，従来の学級づくり研究や，教師が学級の指導者としての影響を児童生徒に及ぼす働きかけである指導行動の研究を概観して考えていきましょう。

## 2. どのような指導行動が効果的なのか

過去の学級経営や教師の指導行動研究は，具体的な方法や言動を，その機能に着目して2つのカテゴリに分類し，各カテゴリが学級づくりやその目安となる児童の学級モラールを高める上で効果的かを検討しています。カテゴリは，

「ほめる，話を聞く，助言する」など児童の心情を尊重する指導行動（ここでは児童志向カテゴリ）と，「注意する，教師がやり方や方向性を決定する」など課題達成に児童を方向付ける指導行動（ここでは課題志向カテゴリ）に分かれています。実証研究は，学級モラールへの効果について，２つのカテゴリを比較すると児童志向カテゴリの方が高いこと（Anderson, 1939; Withall, 1951），ただし，双方のカテゴリを多く実施する指導類型の教師の学級が最も児童の学級モラールが高い結果となっています（三隅ら，1977; Wubbles & Levy, 1993)。いずれにせよ，特定の指導行動カテゴリや指導類型が効果をもつとの見解です。

ただし，学級づくり上重要な要因の「学期」という時間軸を基準にすると，学期によって教師の効果的な指導行動が異なるという調査結果があります（三島・宇野，2004)。学級づくりの総論では，１年間の学級づくりの中では特定の指導行動が常に効果的とは限らないことを示しています。河村（2010）の学級づくりの知見は，児童の学級ルール取得と活用を中心とした１年間の学級づくりを５段階に分け，各段階で必要な教師の指導行動が異なることを示しています。学級開きのときに，学級のルールが定着していない児童には教師がルールの説明や注意指示をします（混沌・緊張期)。児童が学級ルールを意識し始めると，教師は違反者を注意し遵守者をほめます（小集団形成期)。児童が学級ルールを習得すると児童の小集団同士の連携に向けて，教師は話し合いを促す指導行動を展開し（中集団形成期)，さらに，ルールをもとに児童が必要とされている実感を得られる声かけや学級全体の活動を導入します（全体集団成立期)。最終段階では，児童はルールを内在化して学級の問題を自ら解決できるようになっているので，教師は助言者にとどまります（自治的集団成立期)。

蘭・高橋（2016）の学級づくりの理論は，学級の特徴について，学級づくりを誰が主導するかを示す主導性の軸と学級の活発性を表す軸の２次元から，到達点である「創発学級」タイプを含めて４つの学級タイプを抽出して教師の指導行動および生徒の様子を説明しています（図10-1)。また，事例分析から，学級タイプの変化パタンが校種によって異なり，小学校高学年は，放任学級から安定学級またはその逆の方向への変化や，放任学級から安心学級への変化が多いのに対し，中学や高校は安心学級から創発学級への変化が多いことを示しています。

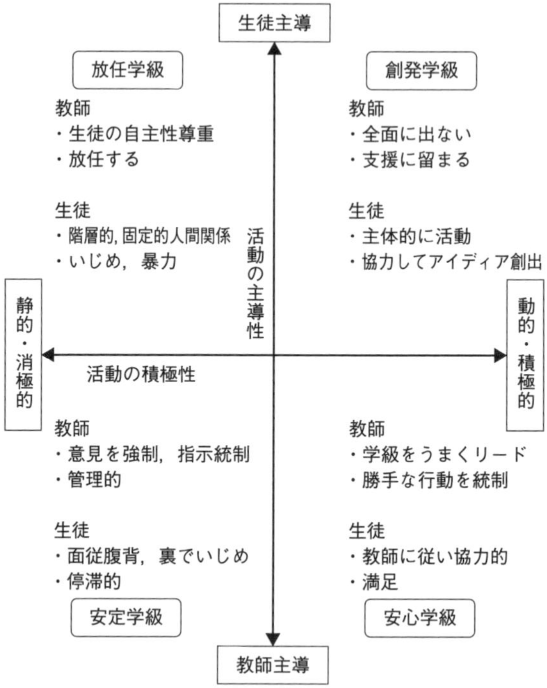


**図 10-1　4 つの学級タイプ**（蘭・高橋，2016 をもとに加筆作成）

以上の２つの研究は，学級づくりで効果的な指導行動について，学級開きでは課題志向カテゴリの注意指示が有効であるものの学期進行にしたがいその効果は薄れ，児童志向カテゴリの効果のみ有効となることを示しています。ただし，これらの研究で挙げている教師の指導行動をよく見ると気になる点があります。第一に，同じ指導行動であっても，研究間あるいは段階によって児童生徒への効果が全く違うものがあります。それはなぜでしょうか。教師が指示や注意する課題志向カテゴリの指導行動は，混沌期（河村，2010）では必要ですが，安定期（蘭・高橋，2016）ではいじめを引き起こすといいます。また，教師が児童生徒の行動に介入せず任せておく指導行動は，放任学級（蘭・高橋，2016）では階層化やいじめを起こしますが，創発学級（蘭・高橋，2016）や自治的集団成立期（河村，2010）では任せることは自主性を育むといいます。現象的には同じ指導行動であっても，学級づくりの効果に違いが生じる理由の明確な説明や実証はありません。児童志向カテゴリを伴う効果の可能性が考えられますが，注意指示する教師や何もしない教師のほめ言葉や助言をなぜ児童生徒は受け入れるのでしょうか。

第二に，第一の問いと関わりますが，教師が児童生徒の行動に介入しない指導行動の機能は何でしょうか。従来の研究では課題志向，児童志向のいずれのカテゴリにも該当せず（White & Lippit, 1960）否定的評価でした。上記の学級づくり研究でも機能は説明されていません。一方で，小学校教師は，放っておく・任せるは課題志向カテゴリに分類しています（弓削・新井，2007）。

第三に，学級づくり過程のパタンが研究間や学級によって違うのはなぜでしょうか。小学校で比較すると，河村の総論では１年間で５段階進みますが，蘭の分析では，最終段階まで進まなかったり発達過程が逆行したりする学級もあり様々です。単に，学級１年間の進行という時間軸以外の学級の背景がこのような様々な学級づくりの様相をつくり出していると推測できます。

以上の３つの問いに答えるには，学級づくりに向けて教師のどのような指導行動がどのように作用して効果をもつかのメカニズムを理解する必要があります。そのためには，学期進行などの時間軸以外に，効果的な指導行動を規定する学級の背景の分析が必要でしょう。学級の背景は，時間軸や校種だけでなく，学校の文化などの特性，学級の児童の特性や教師の特性など，学級を取り巻く様々な特性によって織りなされる，いわば学級の文脈といえます。

## 3. 学級の文脈がどのように効果的な指導行動を決めるのか

### (1) 発達的文脈：学年

学級の文脈を構成する１つの要因として学年が挙げられます。特に小学校の場合，児童期は認知的能力や道徳性発達が顕著であり，１年ごとに児童の能力に大きな変化が見られます。学年要因が効果的な指導行動を規定することを示唆する実証研究があります。根本（1983）は，小学４年と６年生を対象に，教師の指導態度と学級モラールとの関連を検討する質問紙調査を実施しました。その結果，教師が「きまりを守らないとき先生はきびしく注意する」といった課題志向カテゴリの注意指示は，４年生では学校への肯定的態度や学習意欲を

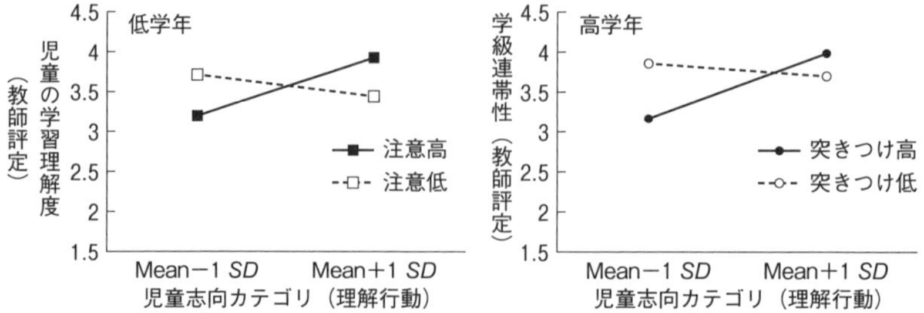


**図 10-2　教師評定による教師の指導行動が児童に及ぼす交互作用効果（重回帰の交互作用項の下位検定）**（弓削，2012 をもとに作成）

高めますが，6年生では低めることを示唆しています。

弓削（2012a）は，弓削・新井（2007）のカテゴリ分類を質問紙化して，小学校教師を対象に自分の指導行動，児童の学級モラール（学習意欲・理解，規範意識，学級連帯性）に関する調査を実施しました。その結果，学年によって児童の学級モラールを高める教師の指導行動カテゴリが異なることや，同じカテゴリの指導行動であっても効果的な指導行動内容が異なることを示しました（図 10-2）。低学年では，課題志向カテゴリの注意指示と児童志向カテゴリの双方を多く行っていると評価する教師ほど学級の学習意欲を高く評価し，中学年では，児童志向カテゴリを多く行っていると評価する教師ほど，学級の規律遵守と学級連帯性を高く評価しました。高学年では，課題志向カテゴリの放っておく・任せるの総称である突きつけと児童志向カテゴリの双方を多く行っていると評価する教師ほど学級モラール全体を高く評価しました。児童対象の調査でも（弓削・富田，2016）いくつか効果が弱い点もありましたが，ほぼ同様の結果でした。

これらの結果からいえるのは，まず，学年に関わらず，教師の児童志向カテゴリの指導行動が児童の学級モラールを高める効果をもつことです。次に，学年によって課題志向カテゴリの効果が異なることです。まず，低学年と高学年のみこのカテゴリが効果的でした。加えて，同じ課題志向カテゴリであっても，低学年では注意指示といった統制的行動が効果的でしたが，高学年では突きつけといった，いわば児童を教師が手放す非統制行動が効果的でした。課題志向カテゴリの結果は，根本（1983）や，現象的には，先述の学期最後の学級づくりとも矛盾しません。任せる・放っておく行動を課題志向カテゴリの指導行動と位置づけて実証することで，教師は意図してこれらの行動を実施していること，学年や学期の進行に伴い，課題志向カテゴリとして機能するのは統制的行動から非統制的行動に変化することを示唆できます。

### (2) 社会的文脈：人間関係欲求

ここまでで，学級づくりの上で効果的な教師の指導行動は，学期だけでなく学年の進行といった学級の文脈によって規定されると推測できます。ただし，学期や学年がどのような学級の文脈を意味するのか，その文脈から指導行動がどのように機能して効果をもたらすかは検討されていません。

学期や学年の進行によって効果的な教師の指導行動が規定されることの説明要因として，1つには，適性処遇交互作用の観点同様，学習者の能力の違いによって教師の課題に向かわせるための適切な指導態度が異なることが考えられます。学習者が不足している知識・技能を統制的な指導行動により習得させて学習者の能力を高め，課題遂行の主体を次第に学習者に移行するモデルです（Vermunt & Verloop, 1999）。このモデルと弓削（2012）には矛盾が見られません。ただし，この説明だけでは能力のある児童をなぜ教師があえて放ったり突き放したりする課題志向の指導行動が必要かを説明できません。能力のある児童ならば自ずと課題に向かうことも十分あり得ます。助言などの児童志向カテゴリの指導行動のみでも構わないはずです。

もう1つの説明要因は，学級という場の社会的文脈です。特に，児童が求める学級内の教師および同級生との関係の変化は，小学校6年間で顕著です（園原・広田，1960; 永田，1969）。低学年では，初めての学校生活で不安であり教師に依存しますが，中学年になると，教師への依存だけではなく，影響力をもつ同級生に依存し，両者の間で矛盾・対立を感じます。さらに，中学年から高学年にかけて教師への依存は弱まり，仲間への依存と小グループ間の対立などの関係性が発生します。最後の6年生では，児童同士共通の価値観のもと自発的に関係を形成して全体としてまとまり学級のリーダーが出現する一方で，自分の価値観に基づいて教師を評価する視点をもち教師から自律する関係を求めます。教師との関係は依存から反発・独立に変化する（岸田，1960）といえます。

従来の学級づくり研究は，このような教師との関係性の変化と効果的な学級づくりや教師の指導行動との関連を十分に考察していません。ただし，この変化を見ると，学年ごとの児童が教師に求める関係性と各学年で効果的な指導行動とに関連が見られます。依存したい低学年に効果的なのは，児童が依存できる行動規範を教師が指し示す注意指示，２つの矛盾する依存対象が生じて困惑する中学年に効果的なのは，困惑している児童を受け入れつつ納得させるための話し合う行動，自分なりの教師評価をもとに教師から自律したい高学年に効果があるのは，教師が課題に向けて児童を手放す突きつけです。ここからは推測ですが，児童が教師に求める関係性と教師が児童に求める課題遂行を共に充足させる指導行動が，児童を課題に向かわせる機能をもつと考えられます。

以上から，学級づくりにおける教師の役割は，児童の能力や教師への関係欲求と教師の課題要請を統合して児童に還元する課題志向機能と推測できます。

## 4. 同級生への関係性欲求はどのように指導行動や学級づくりに関わるのか

さらに，児童の同級生との関係欲求と教師の指導行動も関連します。両者のズレは学級づくりの停滞や退行を起こします。弓削（2012b）はベテラン教師が担任する小学５年のある学級を１年間観察し，教師の学級づくりと児童の様子および学級の文脈の相互関連を検討しました。当該教師は前年度に４年学級を担任していることもあり，５年生１学期末まで学級づくりはほぼ円滑に進んでいました。しかし２学期当初，教師は児童の課題に取り組む態度に問題があるととらえ，課題場面で細かな注意や指示を多く実施します。一方，この時期に児童たちは，委員会活動など様々な学校活動の負担が急激に増え，休み時間に同級生と会話したり遊んだりする時間がなくなり不満を感じていました。結果として，２学期後半の授業中に数名の児童が教師に反発しますが，これを契機に教師は自身の児童理解や関係性を省察しようとSCや専科教師の協力のもと児童の要求を把握して，担任ができる範囲で課題調整をしました。その後，３学期に学校行事や委員会活動で全５年生がリーダーとして関与せざるをえない状況で，かつ教師が児童に課題の諸決定・運営を任せる突きつけを実施した時，普段おとなしい児童も参加して全員で話し合い助け合ってすべての活動を積極的にこなしました。この事例が示唆するのは，第一に，児童が学級内の同級生に求める人間関係を，教師が課題志向の指導行動を通して充足できないときに学級づくりが停滞・退行すること，第二に専門性の異なる教職員や専門職が学級づくり停滞の打開につながること，第三に，学校行事など公的な課題の在り方が教師の学級づくりや児童の人間関係に影響することです。つまり，学級とは，教師の力量や特定の手法でつくられるよりも，学級の児童個人の能力や人間関係欲求さらに学級外の教職員・課業など，担任教師だけでは統制できない社会的文脈と教師との相互作用の中でつくられるものといえます。

本章では，多様性などの学級・学校特性や教師の持ち味の要因などに関して議論できませんでした。これらの要因をさらに考慮することが学級づくりの具体化を進める手助けになると考えられます。

## ● 引用文献


Anderson, H. H. (1939). Domination and social integration in the behavior of kindergarten children and teachers. *Genetic Psychology Monographs, 21*, 287-385.

蘭　千壽・高橋知己（2016）．創発学級のすすめ　ナカニシヤ出版

河村茂雄（2010）．日本の学級集団と学級経営　図書文化社

岸田元美（1960）．児童と教師の人間関係の研究Ⅲ　教育心理学研究, *7*, 221-226.

三島美砂・宇野宏幸（2004）．学級雰囲気に及ぼす教師の影響力　教育心理学研究, *52*, 414-425.

三隅二不二・吉崎静夫・篠原しのぶ（1977）．教師のリーダーシップ行動測定尺度の作成とその妥当性の研究　教育心理学研究, *25*, 157-166.

永田良昭（1969）．学級集団における社会化　岡本夏木・古沢頼雄・高野清純・波多野誼余夫・藤永　保（編）児童心理学講座 9　社会生活とマス・コミュニケーション（p. 38-100）金子書房

根本橘夫（1983）．学級集団の構造と学級雰囲気およびモラールとの関係　教育心理学研究, *31*, 211-219.

園原太郎・広田君美（1960）．学級社会の成立　阪本一郎・中野佐三・波多野完治・依田　新（編）教育心理学講座 3 学級社会の心理（pp. 1-62）金子書房

Vermunt, J. D., & Verloop, N. (1999). Congruence and friction between learning and teaching. *Learning & Instruction, 9*, 257-280.

White, R. K., & Lippit, R. (1960). *Autocracy and democracy*. New York: Harper & Brothers.

Withall, J. (1951). The development of the climate index. *Journal of Educational Research, 45*, 93-100.

Wubbles, T., & Levy, J. (1993). *Do you know what you look like?: Interpersonal relationships in education*. London: RoutledgeFalmer.

弓削洋子 (2012a). 教師の2つの指導性機能の統合化の検討—機能に対応する指導行動内容に着目して—　教育心理学研究, *60*, 186-198.

弓削洋子 (2012b). 教師の二つの指導性機能統合の規定因としての学級の課題性　愛知教育大学教育創造開発機構紀要, *2*, 121-129.

弓削洋子・新井希和子 (2007). 教師に期待される矛盾した2つの指導性に対応する指導行動カテゴリー作成の試み　愛知教育大学研究報告, *58*, 125-131.

弓削洋子・富田崇裕 (2016). 児童評定による教師の2つの指導性機能統合化の探索的検討　愛知教育大学研究報告 (教育科学編), *65*, 127-132.

11章

# 集団社会的スキル訓練における個と集団の相互作用

## 1. 社会的スキル訓練とは何か

他者の気持ちを理解できない，友だちをつくることが難しい，ささいなことで怒りを爆発させてしまうなど，社会性に課題のある子どもを教師は支えています。他者の気持ちを理解する，友だちをつくる，感情をコントロールするといった人との接し方は，社会的スキルといわれています。

社会的スキルは，認知（思考），行為，情動（感情と生理的反応）を含みます（相川ら，1993）。例えば，友だちに声をかける際には，声をかける状況はどのようなものなのか，自分と友だちとの関係性や状況をふまえてどのような声かけがふさわしいのかといったことを考えなければなりません。また，初対面のクラスメートに声をかける場合には，緊張を和らげるなどの感情のコントロールが必要になることもあるでしょう。

社会的スキルという言葉は，スキルという語感から，表面的にとりつくろうといったネガティブな印象を与えがちです。たしかに，その場をやり過ごすために表面的にとりつくろうことも時には必要でしょう。しかし，表面的なやりとりだけでは，特定の誰かと関係性を深めることはできません。また，慇懃無礼，表面的には懇切丁寧な対応だが実際は無礼であると感じられることがあります。内面性が伴わないと，その振る舞いが社会的スキルとしての機能を果たさない場合があるわけです。相手を重んじる気持ちがあって，その上で丁寧な対応をすることで，はじめて本当の意味での礼儀正しい振る舞いになるのでしょう。

こうした社会的スキルを学習する方法が社会的スキル訓練（Social Skills Training，以下，SST）です。典型的な SST の構成要素は，インストラクション，モデリング，リハーサル，フィードバック，定着化（般化）です。小林・相川（1999）に基づき，説明します。

インストラクションでは，取り上げる社会的スキルやSSTの手順などについて説明します。その社会的スキルを身に付けることはどういう意味をもつのかといったSSTに対する動機づけを高めることが大切です。社会的スキルを半ば強制的に学習させられている場合と主体的に学んでいる場合とで，SSTの結果が異なってくることはいうまでもありません。

モデリングでは，社会的スキルを見て学びます。その社会的スキルをどのように用いたらよいのかは，SSTの実践者（教師）に限らず，SSTの協力者（実践者以外の教師や保護者，子ども），本やアニメの登場人物などによっても示すことができます。社会的スキルの学習者である子どもと年齢や性別などが似通った者が示すモデルの方がより参考になることもあります。また，社会的スキルのポイント（例，聴くという社会的スキルであれば相手の話が終わるまで自分の話をしない）を教師が一方的に語って聞かせるのではなく，子どもとともに考えたり，子ども同士で話し合ったりすると，社会的スキルを自ら学ぼうという主体性を引き出しやすくなります。

リハーサルでは，インストラクションやモデリングを通じて示された社会的スキルを実際に行ってみます。イメージの中で行ってみるということも含みます。モデリングの過程だけでも社会的スキルを学ぶことはできますが，ただ見て学ぶだけでなく自ら実行してみる方が効果的です。また，社会的スキルを学びはじめた頃は，振る舞いはぎこちなく，気恥ずかしく思うこともあるかもしれません。そこで，振る舞いがぎこちなくても大丈夫，練習なのだから気恥ずかしく感じる必要はないといったリハーサルが行いやすくなるような場の雰囲気を整えることが大切です。リハーサルでは，その社会的スキルを用いる意義を子どもが実感できるかどうかが問われます。例えば，聴くという社会的スキルを用いるととても話がしやすくなる，会話がはずむといったことを経験できるとよいでしょう。

フィードバックでは，モデリングやリハーサルの際に示された社会的スキルを振り返ります。よい点をほめたり，さらによくするためにはどうしたらよいのかを一緒に考えます。この点がよくなかったというフィードバックも考えられますが，ネガティブなフィードバックが場の雰囲気を悪くしたり，子どもによっては萎縮してしまう場合もあるでしょう。社会的スキルの改善点を子ども自らが気づけるようにするのが理想です。

定着化（般化）では，取り上げた社会的スキルを日常の場面で用いるように促します。日常の場面での実践を通じて，その社会的スキルが身に付くことをねらいとしているわけです。言われなくても学習した社会的スキルを用いることができるかどうか，その社会的スキルを他の場面に応用できるかどうかといったことが定着化の指標になります。十分な般化が見られない場合には，追加のSSTセッションを行ったりします。

SSTは当初，引っ込み思案や攻撃性などのために適応上困難を感じている子どもに，大学や医療機関などで個別・課題解決的に実践されていました。しかし，近年では，学校におけるすべての子どもたちを対象に集団で行われるようになっています。そのようなSSTのことを集団SSTといいます。集団SSTの発想の根本には，個は集団を育てるが，集団も個を育てるという考えがあります（小林，2002）。個と集団は相互に作用しあうという発想です。

## 2. 個と集団の相互作用に関する理論（考え方）とはどのようなものか

### (1) 生徒指導提要と学校心理学

まず，生徒指導提要（文部科学省，2010）では，以下のように3つの指導を説明しています。成長を促す指導では，すべての子どもの個性を伸ばすことや，自分の成長に対する意欲を高めることをねらいとしています。また，予防的な指導では，一部の子どもを対象に，深刻な問題に発展しないように，初期段階で諸課題を解決することをねらいとしています。そして，課題解決的な指導では，深刻な問題行動や悩みを抱え，なおかつその悩みに対するストレスに適切に対処できないような特別な支援を必要とする子どもを対象とします。

次に，学校心理学（石隈，1996）では，以下のように教育援助について説明しています。一次的教育援助では，すべての子どもの援助ニーズに対応します。一次的教育援助には，予防的援助と発達促進的援助があります。予防的援助では，多くの子どもが出会う課題（例，入学時の適応）を予測して前もって援助します。発達促進的援助では，子どもが学校生活を送る上で必要とする適応能力（例，学習スキル，対人関係能力）を向上させられるように援助します。

二次的教育援助では，学習・発達面，心理・社会面，進路面において課題をもち始めた子どもやこれから課題をもつことが心配される一部の子どもを援助します。例えば，登校をしぶる子ども，学習意欲が下がってきた子ども，友人ができにくい子ども，転校生，帰国子女，家庭環境で悩みをもつ子どもなどが二次的教育援助の対象になります。

三次的教育援助では，重大な援助ニーズのある特定の子どもが自分のもつ強さ（自助資源）や周りの援助資源を活用しながら，自分の課題に対処し学校生活を送れるように援助します。例えば，長期欠席をしている子ども，いじめられている子どもが対象になります。

### (2) 個と集団の相互作用に関する理論（考え方）

生徒指導提要の3つの指導と，学校心理学の3つの教育援助は，いずれも特定の指導，特定の教育援助のみを提案しているのではないことに注意する必要があります。不登校を例に考えてみましょう。不登校の子どもに個別の支援を行ったとします。生徒指導提要の課題解決的な指導，学校心理学の三次的教育援助あるいは二次的教育援助にあたるでしょう。それだけで，学校に行きづらい子どもへの支援は十分でしょうか。子どもが学級に入るためにはさらに工夫が必要になるのではないでしょうか。小林（2002）は，不登校の子どもを受け入れる学級の子どもたちの社会的スキルを向上させた例を紹介しています。学級集団に対して，積極的な聞き方や仲間の受容，遊びへの勧誘などの集団SSTを行ったと記されています。学級の子どもたちからすれば，こうした集団SSTは，生徒指導提要の成長を促す指導，学校心理学の一次的教育援助に該当するでしょう。つまり，課題解決的な指導や三次的教育援助あるいは二次的教育援助といった個別の指導に加え，成長を促す指導，一次的教育援助を学級で行うことによって学級の子どもたちの成長を促進させながら，不登校の子どもの居場所を学級に確保するというわけです。

## 3. 集団SSTにおいて個と集団の相互作用はどのように取り上げられているか

### (1) 社会的スキルの変化に関する個人差

宮前（2008）では，中学校2年生の学級において，担任による集団SSTを実施しました。集団SSTは，上記の成長を促す指導，一次的教育援助（発達促進的援助）です。担任と話し合って取り上げた社会的スキルは，傾聴，主張，問題解決の3つです。11項目の社会的スキルについて，最高を10点として担任の他者評定，生徒の自己評定を行いました。担任の他者評定，生徒の自己評定いずれにおいても，社会的スキルの向上が確認されました。表11-1に，統計的に検討した生徒の自己評定の結果の一部を抜粋しています。集団SSTを行う前の事前調査から事後調査，3ヶ月後のフォローアップ調査にかけて，3つの社会的スキルが統計的に有意に向上していることを確認できました。

しかし，事前調査の社会的スキルの得点が高かった群，中間の群，低かった群に分けて得点の変化を検討したところ，例えば，項目(5)の共感スキルについて低群のうち5名（83%）は得点が増加していましたが，1名（17%）は変化していませんでした。同様に，項目(11)の問題解決スキルについて低群のうち6名（75%）は得点が増加していましたが，2名（25%）は変化がありませんでした。なぜ変化が見られなかったのか，当該の生徒の理解を深める必要があるでしょう。そして，必要に応じて，個別の支援を検討していくとよいように思われます。

### (2) 個と集団の相互作用

織田・宮前（2013）では，集団SSTを全校規模で行うとともに，担任が特に支援したい子ども（抽出児）を3名挙げてもらいました。抽出児は全員被虐待児でした。担任が感じていた主たる課題は，周囲とのトラブル，ストレス耐性の低さ，安定した人間関係を構築することの難しさなどでした。

集団SSTでは，担任と話し合って，傾聴，仲間の誘い方，あたたかい言葉かけ，上手な断り方，感情のコントロールなどの社会的スキルを取り上げました。また，抽出児について専門家によるコンサルテーションを担任に対して実

**表 11-1　社会的スキルの変化（生徒の自己評定）**（宮前，2008 の一部を抜粋）

| 社会的スキル | 事前 | 事後 | フォロー | 事前・事後 | 事前・フォロー | 群[b] | | 変化[d] | | 変化なし |
|---|---|---|---|---|---|---|---|---|---|---|
| | | | | | | | | 増加 | 減少 | |
| ⑵　初対面の人に自己紹介をする。 | 4.9 | 6.1 | 6.0 | $p<.01$ | $p<.01$ | 高 | 8[c] | 0(0%)[e] | 3(38%) | 5(62%) |
| | (2.4)[a] | (2.3) | (2.4) | | | 中 | 15 | 7(47%) | 0(0%) | 8(53%) |
| | | | | | | 低 | 9 | 2(22%) | 0(0%) | 7(78%) |
| ⑸　相手の気持ちをよく理解して，「あなたの気持ちをわかっているよ」ということを相手に示す。 | 5.3 | 6.2 | 6.2 | $p<.01$ | $p<.01$ | 高 | 8 | 1(13%) | 3(37%) | 4(50%) |
| | (2.0) | (1.7) | (1.9) | | | 中 | 18 | 9(50%) | 2(11%) | 7(39%) |
| | | | | | | 低 | 6 | 5(83%) | 0(0%) | 1(17%) |
| ⑾　誤解や意見のくい違いや衝突といった人づきあいに関係したトラブルを解決する。 | 4.9 | 5.8 | 6.0 | $p<.05$ | $p<.01$ | 高 | 6 | 3(50%) | 0(0%) | 3(50%) |
| | (2.1) | (2.0) | (2.1) | | | 中 | 18 | 3(17%) | 2(11%) | 13(72%) |
| | | | | | | 低 | 8 | 6(75%) | 0(0%) | 2(25%) |

a）　カッコ内は標準偏差
b）　高群：事前調査時の得点７点以上，中群：４点から６点，低群：３点以下
c）　人数
d）　増加，減少：２点以上の得点の増減が見られた場合，変化なし：得点の変化が１点以内である場合
e）　各群における割合（%）

施しました。さらに，ゲーム形式の小集団活動も行いました。小集団活動の参加は任意とし，抽出児に対して担任から参加を働きかけてもらいました。小集団活動は，抽出児を含む児童相互の交流を促進させることをねらいとしていました。

小学校 4 年生以上を対象として統計的に検討した結果，集団 SST 実施前から実施後にかけて児童全体の社会的スキルは有意に向上していました。しかし，集団 SST の 6 ヶ月後まで，社会的スキルの程度は維持されませんでした。また，学級満足度（河村，1999）について本実践の前後で変化は見られませんでした。しかし，抽出児については，社会的スキル，学級満足度ともに一定の効果を確認できました。学級満足度に関する結果を，図 11-1，図 11-2 に記しています。

抽出児の 3 名はいずれも，承認得点が維持あるいは増加傾向にあり，被侵害得点については減少傾向が見られました。安定した人間関係を構築することが難しく，周囲とのトラブルが見られたことを考えれば，クラスメートから承認されず，疎外されていたとしてもおかしくはないように思われます。しかし，

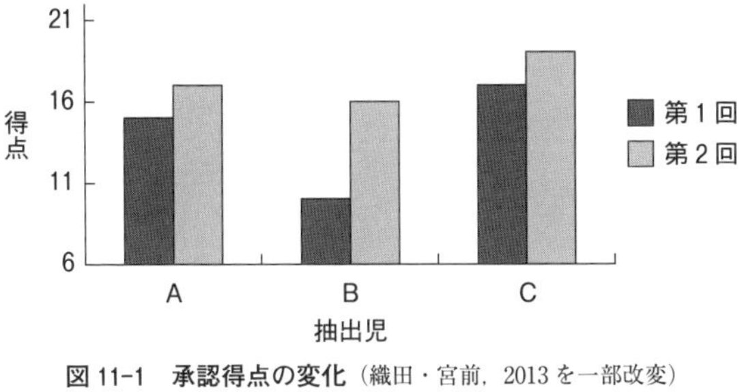


**図 11-1　承認得点の変化**（織田・宮前，2013 を一部改変）

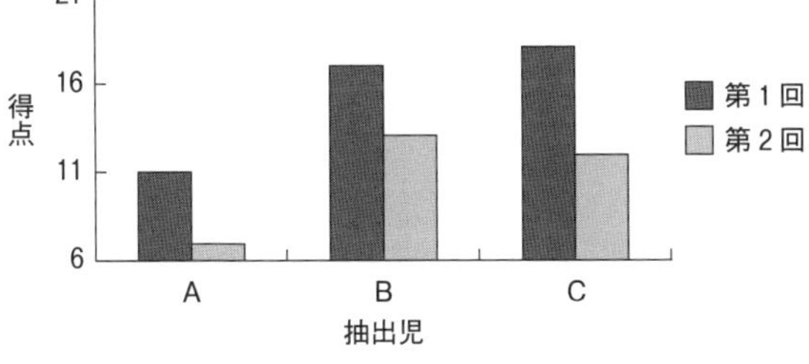


**図 11-2　被侵害得点の変化**（織田・宮前，2013 を一部改変）

図11-1，図11-2の結果からは，十分とはいえないものの，学級の中に居場所を得つつある様子がうかがえます。担任からの報告でも，周囲とのトラブルの減少が確認できました。特別な心理療法を行わなくても，被虐待児を取り巻く環境を整えることで一定の効果を確認できたこと，すなわち集団が個を育てるという集団SSTの発想を裏付けるような結果が得られたことは意義があると思われます。

## 4. 個と集団の相互作用をふまえた支援によって何が得られるのか

織田・宮前（2013）以外にも，個と集団の相互作用による効果を示唆する報告はいくつかあります。例えば，渡辺・内田（2006）の実践では，アスペルガー障害（今日では自閉症スペクトラム障害）が疑われる男児に相談室での個別の支援を行うとともに，男児の所属する学級で集団SSTを行いました。その結果，クラスメートの男児に対する適切な行動（働きかけと応答）が増加し，不適切な行動（たたく，けるなど）や発言（悪口，乱暴な言葉づかいなど）が減少しました。そして，クラスメートに対する男児の不適切な行動や発言も減少しました。

個と集団いずれにも働きかける支援，個と集団の相互作用をふまえた支援によって何が得られるのでしょうか。私は，単に個が疎外されないというだけにとどまらず，個が活かされ，個々の成長が促進されるような集団が形成されていくのではないかと考えています。

こうした集団づくりは，学級経営の中で教師が行っていることでしょう。そうした集団づくりに集団SSTを活用できます。また，個と集団の相互作用に関する理論（考え方）を通じて，自らの実践を振り返り，理論的に位置づけ，さらに豊かなものにしていくことができるのではないかと思われます。

### ● 引用文献

相川　充・佐藤正二・佐藤容子・高山　巌（1993）．社会的スキルという概念について―社会的スキルの生起過程モデルの提唱―　宮崎大学教育学部紀要　社会科学，*74*，

1-16.
石隈利紀（1996）．学校心理学に基づく学校カウンセリングとは　カウンセリング研究, *29*, 226-239.
河村茂雄（1999）．たのしい学校生活を送るためのアンケート　Q-U　実施・解釈ハンドブック　小学校用　図書文化社
小林正幸（2002）．子どもの社会性を育てるソーシャル・スキル・トレーニング6　再登校の場でSSTを応用する　月刊学校教育相談, *16*(11), 60-65.
小林正幸・相川　充（編著）（1999）．ソーシャルスキル教育で子どもが変わる　図書文化社
宮前義和（2008）．中学校2年生における集団社会的スキル訓練の効果の検討　生徒指導学研究, *7*, 77-86.
文部科学省（2010）．生徒指導提要　文部科学省
織田幸美・宮前義和（2013）．被虐待児への個別対応を組み合わせた全校規模の社会的スキル訓練の効果の検討　香川大学教育実践総合研究, *26*, 123-132.
渡辺範子・内田一成（2006）．学級全体への社会的スキル訓練の実施が特別な教育的支援を要する児童に及ぼす臨床効果　上越教育大学心理教育相談研究, *5*, 15-26.

# 12 章

# 特別な教育的ニーズのある子どもへの支援

## 1. 「根拠に基づく教育実践」のために心理学ができることは

特別な教育的ニーズのある子ども，特に発達障害などのある子どもは，学校教育の現場において，様々な困難に直面しています。子どもたちの発達とつまずきには，当然のことですが，大きな個人差があります。特別な教育的ニーズのある子どもを対象として支援や教育を行うには，子どもの特性を把握するためのアセスメントとその理論的背景について理解する必要があります。

近年，特別支援教育に関わる心理学において，「根拠（エビデンス）に基づく教育実践（Evidence-Based Practice あるいは Intervention）」が重視されています（惠羅，2007）。「根拠に基づく教育実践」では，より客観的な情報を収集し，確かな理論的根拠に基づいた支援計画を作成することが求められています。さらに実践に際して，その計画の適切性や効果を検証し，計画を変更・修正するといった仮説検証的な循環を形成することが大切です。それゆえ「根拠に基づく教育実践」は，図 12-1 に示したように，①子どもが示す困難さ，その背景要因，活用可能な資源を探るアセスメントを実施し，②それらの情報と先行研究の知見を基盤として支援計画を作成・実行し，③その効果について検証して計画の適切性や効率性を吟味することで支援の維持あるいは修正の判断を行う，といった循環を形成することで実現するといえます。

それでは，特別な教育的ニーズのある子どもを対象とした「根拠に基づく教育実践」を実現するために，心理学（ここでは認知神経科学など心理学に関連した研究領域を含めて考えます）はどのような貢献が可能でしょうか。筆者は，以下の２つの点が指摘できると考えています。

１つは，認知機能を評価するアセスメントを開発して，学校現場に提供する

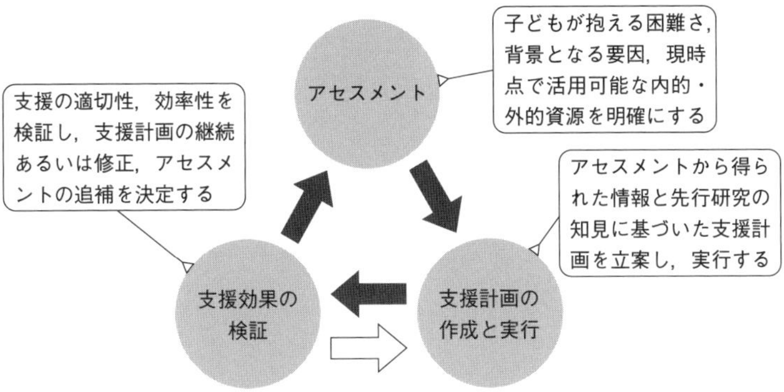


図 12-1　アセスメント，支援計画の作成・実行，支援効果の検証における循環

ことです。この点については，知能検査の開発と適用など，心理学には長い伝統があります。心理学を立脚点とした場合，アセスメントの開発と適用は，特別支援教育における「根拠に基づく教育実践」のかなめといえるでしょう。認知機能を査定し，適切な解釈に基づいて支援計画を作成し，その効果を評価することは，個別の支援計画の根拠を本人・保護者ならびに教育実践者に説明する上でも重要な作業となります。

心理学は，基本的には，人の心理機能に関する一般法則を解明することを目的としています。このような一般法則を探究する研究の傾向を「法則定立的アプローチ」（Bell, 2002/2006）といいます。法則定立的アプローチの研究は，認知や学習の基盤となるメカニズムの解明を飛躍的に進めてきました。しかしながら，そこで得られた知見は，特別な教育的ニーズのあるこの子どもの理解や支援において，残念ながら期待するほど貢献できていないようです。なぜなら，この子どもは，標準的な子ども（子ども一般）ではなく，発達に偏りのある（発達に凸凹がある）子どもだからです。「根拠に基づく教育実践」を支える心理学では，法則定立的アプローチによる研究を基盤としながらも，個人差に注目した個別性を尊重した研究すなわち「個性記述的アプローチ」（Bell, 2002/2006）による研究が必要です。個性記述的アプローチの研究は，蓄積が少ない状況ですが，特別支援教育に関わる方々にはぜひとも読んでいただきたいです。

もう 1 つの点は，子どもの認知特性を理解する上での理論的，概念的な枠組みを提供することです。教育現場では，支援する側が，自らの経験則や思い込みに過重に依拠してしまうことがあります。支援者は，自らの指導経験から得られた理解を一般的な概念的枠組みに当てはめて再考することで，子どもの理解を深めることができ，より適切な支援計画へとつなげることができます。また，心理学が提供する概念的枠組みは，支援する側に行動観察の視点を提供することも期待されています（Thomas et al., 2019; Willingham, 2018）。

この2つの点は相互に関連しています。アセスメントは，子どもの認知特性を明らかにすることを目的としており，これまでの認知に関わる研究成果を基盤として開発される必要があります。「根拠に基づく教育実践」を実現するためには，単に測定する検査ではなく，理論的枠組みを基盤とした支援につながる検査が求められます。また，理論的枠組みに関する研究は，より洗練されたアセスメントに依拠して成り立つものですから，新たなアセスメントの開発が理論的枠組みを変更あるいは精緻化するきっかけとなる可能性があるのです。

以下，2つ目の点に焦点をあてて論を進めます。

## 2. 支援に必要な理論的枠組みとは

特別な教育的ニーズのある子どもの支援に関連する心理学理論には，多種多様な枠組みがあります。その数は，心理学の考え方の数に匹敵するといえるでしょう。ここでは，理論的枠組みの領域を大きく5つにまとめて考えることにします。これは，対象となる子どもの支援計画を作成して実行する上で考慮すべき優先的な5つの領域です。具体的な指導を想定して説明します。

### (1) 書字や文章作成を苦手とする子どもの指導における理論的枠組み

まずは書字および文章作成の指導を例として説明します。図12-2は，書字および文章作成に関する理論的枠組みを表したものです。図の左側には，書字・文章作成の流れを示しました。実際にはもっと複雑なプロセスに細分化可能ですが，ここでは5つの領域について説明することが目的なので，プロセスを単純化しています。

図の中央部分は認知系で，書字に直接関わる認知系，書字や文法等に関する長期記憶（知識），一般認知系，実行系（実行機能）の4つに分類されています。図の右側は価値評価系です。これは，いわゆる“やる気”や“意欲”など内発的動機づけやその活動に伴って生じる感情に関わるシステムを意味しています。認知系の中では，書字に直接関わる認知系と長期記憶については領域固有性が強い認知系といえます。これらは，例えば脳損傷患者において選択的な障害が生じる可能性が高い認知系です。一方，一般認知系と実行系については，領域普遍性が強い認知系です。標準化された知能検査としてよく知られるWISC-IVは，この一般認知系を評価する検査といえます。検査結果の解釈から特別な教育的ニーズのある子どもの支援計画を作成することになりますが，一般認知系における強い能力と弱い能力を把握することは支援の十分条件にはなりません。一般認知系が評価できたとしても，その他の領域，例えば書字のメカニズムに関する知識がなければ効果的な支援計画を構想することはできません。教育実践を担う教員は，書字が苦手な子どもの支援に際し，書字の流れに対応した認知系，書字に関わる長期記憶，課題遂行する上で適切に運動や活動を制御する実行系，書字活動に対する意欲や不安など価値評価系，それぞれの領域について可能な限り把握する必要があります。書字困難の要因としてどの領域に焦点をあてるかは，子どもにより異なりますが，絞り込む前にこの5つの領域について俯瞰した視点をもつことが大切だと考えています。

### (2) 算数文章題を苦手とする子どもの指導における理論的枠組み

次に，算数文章題（以下，文章題）の指導を例にとって説明します。近年，筆者と共同研究者は，文章題が苦手な子どもの個別指導に関する実践研究を行ってきました（大西ら，2017; 吉松ら，2017）。図12-3は，文章題解決に関わる理論的枠組みを表したものです。図12-2と比べると，5つの領域のうち，領域固有性の高い領域については関与する認知機能が大きく入れ替わります。

文章題の解決過程に関する認知モデルとしては，メイヤー（Mayer, 1992）の理論がよく知られています。文章題は，計算問題に比べて，問題解決に多数の認知機能が関与しています（Thevenot & Barrouillet, 2015）。メイヤーは，文章題の解決過程を，問題文の意味内容を理解する理解過程と，式を構成し演算を実行して解を求める解決過程の2つの過程に大別しました。さらに両過程

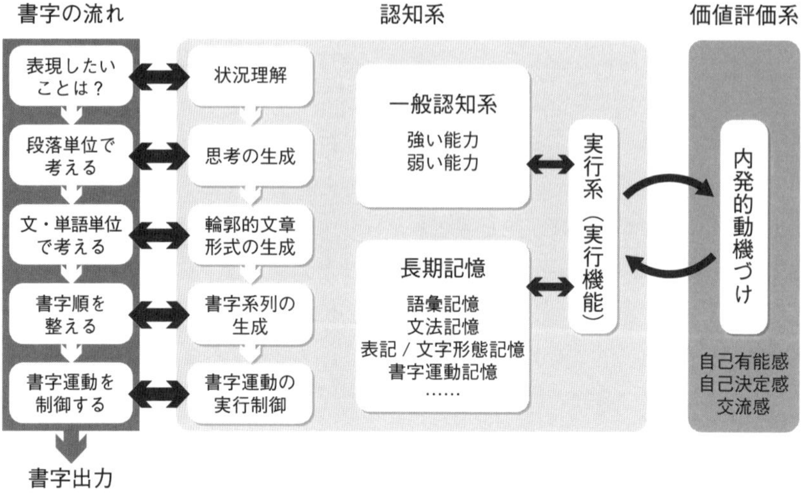


**図 12-2　書字困難にかかわる認知モデル**

認知系の中で実行系は他の領域すべてに関与する。

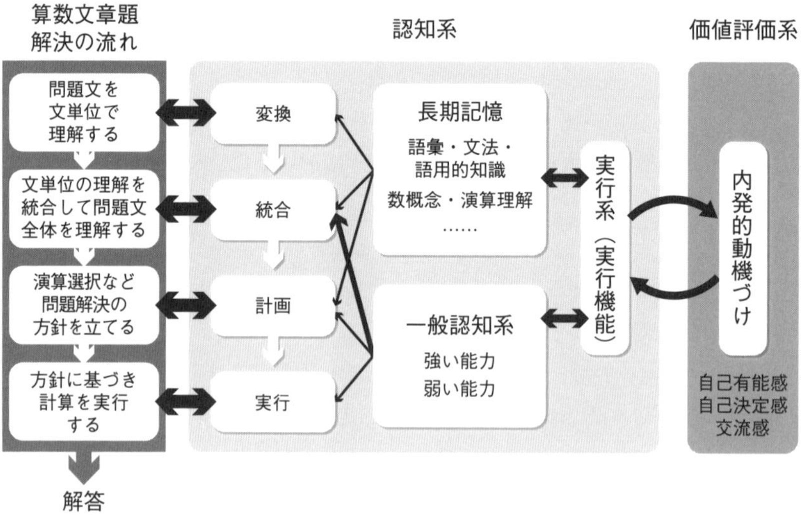


**図 12-3　算数文章題解決に関わる認知モデル**

大西ら（2017）の実践では一般認知系における視空間認知の弱さが文章題解決過程における「統合」に影響を及ぼしていると推定して，指導計画を立案した。

を2つに分け，変換，統合，計画（プラン化），実行の4段階としました。変換過程は，問題文として提示された文章を再符号化する過程であり，語彙や文法に関する既有知識を活用して問題文の一文ずつが示す意味内容を理解して，文単位の理解を形成します。統合過程では，文単位の理解を統合して問題文全体の理解を形成します。すなわち，文章間の意味的関連性（文脈）に着目して問題文全体が示す場面状況を把握する過程です。計画過程では，理解した場面状況を反映した式を構成するための適切な演算の選択など，問題解決に向けた方針が立てられます。最後の実行過程では，前段階で立てた方針に基づき，四則計算の手続き的知識を適用して演算が実行されることになります。この4段階モデルは，その後の数学的問題解決に関する研究に大きな影響を及ぼしてきました（瀬尾，2010; 吉田・多鹿，1995）。

大西ら（2017）は，算数学習困難のある小学6年生を対象として，特に苦手としている文章題解決の指導をしました。メイヤーのモデルに依拠してつまずきを分析し，統合過程に弱さがあると判断しました。さらに知能検査の結果より，一般認知系としては視空間認知の弱さ，すなわち視空間情報を統合的に把握して推論することの弱さがあると推察しました。文章題が表す状況を心的イメージに置き換えて把握する統合過程の弱さには，一般認知系としての視空間認知の弱さが関与していると考え，これを補償するために具体物を用いた支援方法を取り入れた指導計画を実施し，文章題解決の改善につなげることができました。また，文章題解決の指導手順として，具体物操作により文章題が表す状況をしっかり把握した後で立式し計算する流れを採用しました。この手順では，立式・解答をする際に，直前の具体物操作により正解がわかっている状態になります。文章題に苦手意識のある子どもにとって，問題文を読んで立式できない時や誤答した際にあらためて支援を入れる手順だと，失敗経験を積み重ねることになります。問題文の状況を理解した上で立式・解答を行うことで成功経験を増やし，価値評価系である自己有能感を高めることに留意しました。

### (3) 理論的枠組みの5領域を意識するために

以上，5つの領域，すなわち①課題に関連した領域固有性の強い認知系，②一般認知系，③長期記憶，④実行系，⑤価値評価系，について説明しました。

心理学は，この5領域に関する理論的枠組みを提供することで，特別な教育的ニーズのある子どもを対象とした「根拠に基づく教育実践」に貢献することができると考えています。特別支援教育の流れの中でWISC-IVなど知能検査が注目されてきましたが，それらの検査が主として評価しているのは，5領域のうち主として②の領域です。心理学研究者の多くは，学術的な専門家として，5領域のうちの1つ（あるいは複数）を自らの専門としています。1人の研究者が5領域すべてについて網羅的に情報提供することは困難です。教育実践を担う教員は，自らアンテナを張って，それぞれの領域に関する情報を収集し，活用する必要があります。どれか1つの領域だけに依拠していては，有効な支援は成り立ち得ないといえるでしょう。

## 3.　今後の課題は

認知発達や発達障害に関する科学的知見は，確実に蓄積されてきています。しかしながら，その知見を教育実践へとつなぐには，両者を結ぶ懸け橋を構築する必要があります（Ansari & Coch, 2006）。しっかりとした橋を架けるためには，以下の2つの課題に対応することが重要だと考えます（惠羅，2007）。

1つは，現時点では科学的根拠が不確定な状態であっても，目の前にいる特別な教育的ニーズのある子どもに対して現実的に対応しなければならない，という点です。研究が進んでいるとはいえ，確かな知見が充分に揃っている状態からは程遠い現状です。心理学が示す根拠は，厳正確実な知識というよりは，将来書き換えられる可能性がある知識であるといえます。「根拠に基づく教育実践」を担う教員は，その根拠の“確かさ”について敏感であって欲しいと願います。実際に根拠に乏しい理論的枠組みが流布することがあるので，私たちは注意する必要があります（Howard-Jones, 2014; Waterhouse, 2006）。

もう1つは，「根拠に基づく教育実践」は，研究者と教育実践者との協働関係を形成することで発展する，という点です。心理学の知見の多くは，書き換え可能性を内在しています。その書き換えのきっかけは，研究だけではなく，実践から生じることが期待されます。その貴重なきっかけをすくい上げるには，研究者と教育実践者とのコラボレーションが重要です。この協働関係を成功させるためには，研究と教育実践を連結させる方法について学べるようにデザインされた教員養成プログラムを構築することが必要となるでしょう（Ansari & Coch, 2006; Coch, 2018）。教育実践に関わる科学的根拠を巡って，研究者との協働を担える教員の育成が最も大きな課題であると考えます。

## ● 引用文献


Ansari, D., & Coch, D. (2006). Bridges over troubled waters: Education and cognitive neuroscience. *Trends in Cognitive Sciences, 10*, 146-151.

Bell, A. (2002). *Debates in psychology*. Hove, East Sussex: Routledge.（渡辺恒夫・小松栄一（訳）(2006). 論争のなかの心理学：どこまで科学たりうるか　新曜社）

Coch, D. (2018). Reflections on neuroscience in teacher education. *Peabody Journal of Education, 93*, 309-319.

惠羅修吉 (2007). 根拠に基づく教育実践と心理学　上越教育大学障害児教育実践センター紀要, *13*, 7-12.

Howard-Jones, P. A. (2014). Neuroscience and education: Myths and messages. *Nature Reviews Neuroscience, 15*, 817-824.

Mayer, R. E. (1992). *Thinking, problem solving, cognition* (2nd ed.). New York: Freeman.

大西美緒・惠羅修吉・中島栄美子・西田智子 (2017). 超低出生体重で生まれた小学 6 年生に対する算数文章題解決における表象化指導の効果　LD 研究, *26*, 337-347.

瀬尾美紀子 (2010). 数学的問題解決とその教育　市川伸一（編）現代の認知心理学 5 発達と学習 (pp. 227-251)　北大路書房

Thevenot, C., & Barrouillet, P. (2015). Arithmetic word problem solving and mental representations. In R. C. Kadosh & A. Dowker (Eds.), *The Oxford handbook of numerical cognition* (pp. 158-179). Oxford: Oxford University Press.

Thomas, M. S. C., Ansari, D., & Knowland, V. C. P. (2019). Educational neuroscience: Progress and prospects. *Journal of Child Psychology and Psychiatry, 60*, 477-492.

Waterhouse, L. (2006). Multiple intelligences, the Mozart effect, and emotional intelligence: A critical review. *Educational Psychologist, 41*, 207-225.

Willingham, D. T. (2018). Unlocking the science of how kids think: A new proposal for reforming teacher education. *Education Next, 19*(3), 42-49.

吉田　甫・多鹿秀継 (1995). 認知心理学からみた数の理解　北大路書房

吉松佳子・惠羅修吉・中島栄美子 (2017). 数的推論の弱さがみられた小学校低学年の児童に対する算数文章題の指導　発達障害支援システム学研究, *16*, 25-32.


＊本稿の一部は，JSPS 科研費（26381325，18K02759）の助成を受けたものです。

# 第3部

# 成長する教師

# 13章

# 生涯にわたる教師の成長と発達

## 1. 「学び続ける教師」が求められるのはなぜか

昨今の教育政策では，「学び続ける教師」がキーワードになっています。では，教師の学びとは何を指すのでしょうか。学び続けている教師をどのようにイメージすればよいのでしょうか。教師になりたいという思いが芽生え，教職課程のある大学へ進学すると，教師になるための勉強をすることができます。そこで免許状取得に必要な単位を修得すると，教育職員免許状を取得することができます。教員免許状を有する人が教員採用試験に合格すると，教師として教壇に立つことができます。教師としての知識や技術を向上するための，多様な研修が準備され，各々の興味に応じて受講することができます。このように，教師になり，教師として成長・発達するための制度は整備されています。しかしながら，個々の教師が成長・発達するプロセスは，このような一般化されたものではありません。

多くのベテラン教師や教師を目指す学生に話を聞く中で感じるのは，教師の成長・発達のプロセスは，子どもの頃に受けた教育や出会った教師，教育実習を始めとする教職課程，多くの人との関わり，赴任した学校の風土，子どもや保護者との関係，校内研究で授業改善に取り組んだ経験などにより，一人ひとり異なるということです。必ずしも右肩上がりに順調に進むとは限りません。子どもからも保護者からも頼りにされている教師が，近隣の学校へ異動したことをきっかけに，学ぶことから遠ざかってしまったり，子どもたちの関係づくりに課題を抱えていた教師が，ある子どもとの出会いをきっかけにして価値観が揺さぶられ，ガラッと関わり方が変容したりする場合があります。このようなことから，制度的な側面や短期的な変容だけでは見えない，生涯にわたる教

| モデル | モデルイメージ | 特徴 |
|---|---|---|
| 成長・熟達モデル |  | 年月や経験を重ねることによって，一貫してプラス方向に成長・熟達すると考える。 |
| 獲得・喪失モデル | 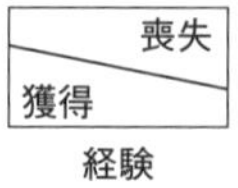 | 年月や経験を積むことによって獲得される側面と，マンネリズムなどによって失う側面の両方があると考える。 |
| 共同体参加モデル | 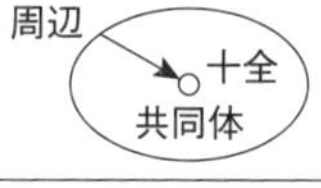 | ある集団や共同体への参加を通して，役割や地位，思考様式や信念等を獲得すると考える。 |
| キャリア移行モデル | 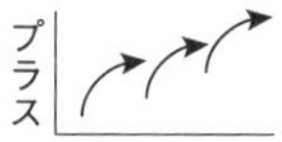 | 年月や経験によって成長・熟達するものの，環境や役割の変化に伴って，異なる経路へ移行して成長すると考える。 |
| ライフヒストリーモデル | 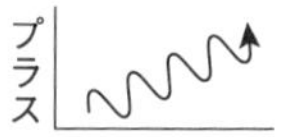 | 年代や環境による課題に向きあう中で，短期的な減退や停滞，成長を経て形成されていくと考える。 |

**図 13-1　教師の生涯発達をとらえる主なモデル**（姫野，2016）

師の成長・発達をとらえようとする研究に注目が集まっています。

教師の成長や発達のプロセスにアプローチする研究は，1970 年頃から始まりました。とはいうものの，教師の成長・発達のとらえ方は多様であり，そのスタンスによって研究のアプローチは異なります。教師の生涯発達のとらえ方を5つのモデルに区分した姫野（2016）を見てみましょう（図 13-1）。そこでは，教師が経験を積むことを通してプラス方向に変容していくプロセスや段階に注目した「成長・熟達モデル」，教師の成長や発達には獲得する側面と失う側面の両義性があるととらえる「獲得・喪失両義性モデル」，教師が学校や教師集団などのコミュニティへ参加する過程で変容することに焦点をあてる「共同体参加モデル」，環境や役割の変化に合わせて経路を変えてキャリアが獲得されるととらえる「キャリア移行モデル」，そして直面する危機を契機としてアイデンティティが形成されるプロセスを描く「ライフヒストリーモデル」が示されています。どのスタンスが正しいというわけではなく，教師が成長・発達するという事実を，どのような視点で対象化するかが異なるのです。

日々の教育活動に追われる現職教師にとって，自己の成長・発達をとらえるという視点はあまりないかもしれません。しかし，学校教育において子どもたちがポートフォリオを作成したり，二分の一成人式で自己の成長プロセスを振り返ったりする中で，これからの人生を描いていくように，教師にとっても自己の歩みを対象化することはとても重要になります。

## 2. 教師の成長・発達過程をいかにとらえるか

このような多様なスタンスによって，教師の成長・発達過程にアプローチした研究を概観していきましょう。

### (1) 教師の職業的社会化研究

教師の成長・発達過程に焦点をあてた研究は，日本では1970年代から始まりました。その端緒となったのが，教師の職業的社会化に関する研究です。教職への進路選択の動機や，学校教師に求められる価値規範をいかに獲得するかといった，教師が教師になる過程に光をあてました。教職に就く前の大学生を対象とした予期的社会化研究と，教職に就いた後の再社会化を扱った職業的社会化研究の大きく2つに区分されます。種々の調査により，教職志望の移り変わりや同僚との関係性などが明らかにされましたが，職業的社会化研究の本来の目的である教師が社会化する過程を解明するには至らず，1980年前後に収束していきました。

### (2) 教師の職能成長・発達研究

教師の職業的社会化研究と入れ替わるように台頭してきたのが，教師の職能成長・発達研究です。そこでは，職業的社会化研究と比べて教師個々の成長・発達に焦点があてられました。教師の職能のとらえ方によってアプローチは異なりますが，様々な経験年数を有する教師への調査をふまえて，職能成長のタイプやモデルが構築されました。その多くは，若手からベテランに至る右肩上がりで描かれました。代表的な研究に岸本ら（1986）があります。教師に必要とされる力量項目についての自己診断をもとに，図13-2のような職能成長のモデル化を行いました。また，教師の特性と能力の成長パターンを分析し，教

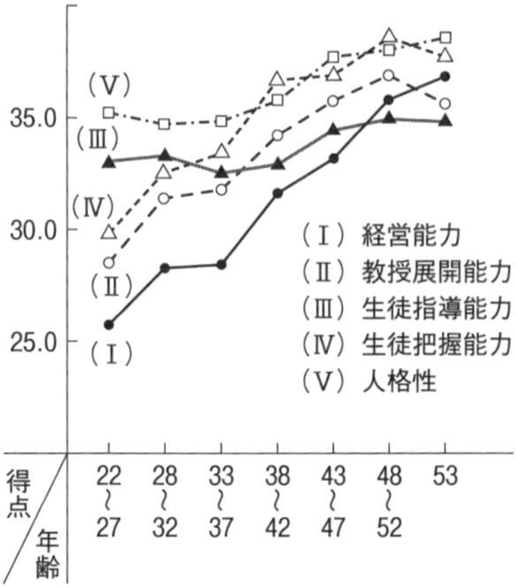


**図 13-2　職能に関する自己診断曲線**
（岸本，1986）

師としてのキャリア教育計画や研修体系を示しています。

### (3) 教師のライフコース研究

教師としての成長・発達は，個々の能力のみならず，その時代背景や社会背景と密接に関係します。個人の生活史を前提としながらも，同齢集団（コーホート）の傾向性を見出そうとする研究にライフコース研究があります。稲垣ら（1988）は，このライフコースの視点を教師研究にもちこみ，戦前・戦中・戦後を教師として生きた人々の変容を，政治や教育政策，社会的な文脈，そして学校での同僚との関係などの視点で考察しています。また，この研究にも参加した山崎（2002）は，1952 年から 1993 年にかけて静岡大学教育学部を卒業した学生を対象として，5 年ごと 3 度にわたって質問紙調査を行うことを通して，コーホートごとの共通点や相違点を見出しました。

### (4) 教師のライフヒストリー研究

ライフヒストリー研究は，文化人類学者によってアメリカ・インディアン酋長の自伝が集められたことに始まり，ボールとグッドソン（Ball & Goodson, 1985）によって教師研究に転用されました。アンケートなどの量的な調査では解明しにくい個々の事象にアプローチし，職務上の言動のみならず，それを支える生い立ちや家庭生活などを対象化できる点に特徴があります。日本では1990年代以降に研究され始め，中堅期（高井良，1994; 川村，2003）や教員養成（姫野，2013）といった時期に焦点化した研究，ジェンダー（塚田，2002）や実践的知識（藤原，2006）のようにテーマに焦点化した研究があります。

### (5) 教師のライフストーリー研究

教師のライフヒストリー研究では，教師へのインタビューによって得られた語りの内容をもとに，教師の個人史を描きます。これに対し，教師の語りの形式に注目した研究に教師のライフストーリー研究があります。教師に対して聞き取り調査を行うことに変わりはありませんが，ライフヒストリー研究は教師が語った物語をもとに個人史を描くのに対して，ライフストーリー研究では，教師の語りそのものが，どのような文脈で語られ，そこで語ったことが語り手にとってどのような意味をもたらしたのかといった語りの過程を振り返ることを大切にします。日本では，浅野（2004）や高井良（2015）の研究があります。

## 3. 教師の成長・発達の転機をいかに見える化するか

### (1) 教師を取り巻く環境に焦点をあてた研究

これまで概観してきたように，教師の成長・発達に関する研究の多くは，教師個人がどのように変容したのかについて，生い立ちや時代背景との関連でとらえることが多く，教師として生きる学校内外の環境やコミュニティとの関わりに注目することはあまりありませんでした。その背景には，これらの研究が諸外国からもちこまれていること，諸外国では日本と比べて個が重視される傾向があり，また異動という仕組みが存在しないことに起因していると考えられます。一方，日本の教師は，数年ごとに学校を異動し，場合によっては校種が変わることもあります。また，同僚教師との関わりが深く，協業体制を基本とする特質があります。このようなことから，日本の教師の成長・発達を解明する上で，環境やコミュニティとの関連でアプローチする研究が推進されるようになってきています。

例えば町支（2015）は，初任校から2校目へ異動する際の環境変化に着目し，

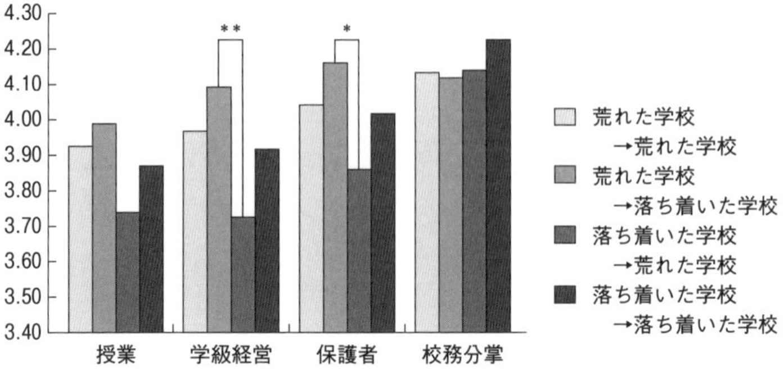


$^{*}p<.01$　$^{**}p<0.01$

**図 13-3　異動パターンと教師効力感**（町支，2015）

初めての異動が教師にどのような影響をもたらしているのかを調査しています。その結果，異動によって経験の幅の広がりにつながり，成長の後押しとなる可能性もありますが，初めての異動はどちらかというと負荷の側面が強いと言及しています。また，その異動がどのようなパターンかによっても教師効力感に違いがあることを指摘しています。具体的には，図 13-3 のように，「荒れた学校」から「落ち着いた学校」へ異動した教師と，「落ち着いた学校」から「荒れた学校」へ異動した教師では，教師効力感に有意な差があることが示されています。

教師を取り巻くコミュニティの視点から，教師の成長・発達をとらえようとした研究に姫野ら（2015）があります。そこでは，熟達教師へインタビュー調査を行い，個々の教師には学ぶことに「開かれている状態」と「閉じられている状態」があること，また教師コミュニティにおける位置づけ方によって，教師の学びが開かれる場合があることを指摘するとともに，教師の経験学習についてモデル化しています（図 13-4）。そして，教師が経験から学習する状態になっているかどうかは，コミュニティ内の教師の立ち位置によって変動すること，教師の学習の状態を開く上で，学校外のコミュニティや勤務校の異動，自らの実践を対象化することが鍵になることを明らかにしています。

### (2) 教師の成長・発達をとらえる方法論

生涯にわたる教師の成長・発達にアプローチする上で，そのプロセスを見え

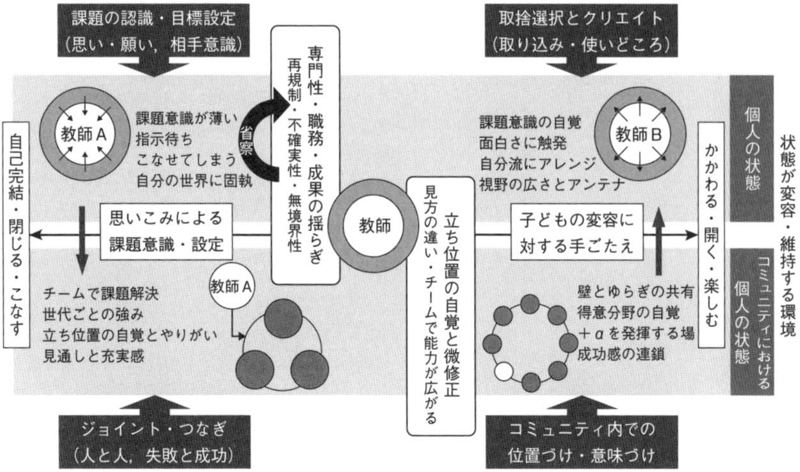


**図 13-4　教師の経験学習を構成する要因モデル**（姫野ら，2015）

る化する研究方法が開発されてきています。先述した姫野ら（2015）では，ライフライン法を援用し，教師が経験から学習する状態になっているかどうかを，「学びに開かれていたか，閉じられていたか」の5段階で評定してもらうことを通して，学びの変容を可視化しています（図 13-5）。これにより，教師にとっての転機や感情の高低を目に見える形で表現することが可能になります。

一方，あらかじめ研究者が定めた研究テーマに基づいて人生の経路を可視化する方法もあります。人生の分岐点や等至点に着目し，教師の成長・発達を複線化してとらえる複線経路等至性アプローチ（TEA: Trajectory Equifinality Approach）という研究方法です。この方法では，研究者が設定した状況（等至点）を経験した人を調査対象として招き，そこに至るまでにどのような分岐点があり，そこでどのような選択をしてきたのか，あるいは選択してこなかったのかを図 13-6 のように表します。このように図式化することにより，教師が成長・発達し，現在に至るまでの分岐点やそこでの判断過程を明らかにしようとしています。学校改善を担う中堅教師の成長発達にアプローチした時任ら（2018）や東原（2019）などがあります。

| 年数 | 学校 | 担任・担当 | 開閉の自己評価 | | | | | 自己評価の背景要因 |
|---|---|---|---|---|---|---|---|---|
| | | | 1 | 2 | 3 | 4 | 5 | |
| 1 | b1 小 | 4 年担任：単 | | | | | | 初任者指導担当(教頭)との出会い。子どもに救われた。 |
| 2 | | 3 年担任：単 | | | | | | 職員集団が変わらず現状維持。学級経営の取組みを発表。 |
| 3 | | 5 年担任：単 | | | | | | 得意領域をみつけたい。道徳研究会に属して授業発表。 |
| 4 | b2 中 | 3 年副担任 | | | | | | 生徒指導方法への不信感。人権問題との出会い。<br>自分の立ち位置・役割を探す。人権問題の学習会に参加。 |
| 5 | | 産休・育休 | | | | | | 漢字検定や書道などの資格取得。 |
| 6 | | 3 年担任 | | | | | | チームが機能。情緒障害児との出会い。道徳教材サークル。 |
| 7 | | 3 年副担任 | | | | | | 年度の途中から産休。 |
| 8 | | 産休・育休 | | | | | | 自分なりにアレンジした道徳教材を作って楽しむ。 |
| 9 | | 1 年担任 | | | | | | 恵まれた学年。人権運動に参加する生徒を担任。 |
| 10 | b3 小 | 特支学級担任 | | | | | | 不本意な異動。特別支援担当への同僚からの視線・悔しさ。<br>情報機器がツールになりそう。情報教育研究会への参加。 |
| 11 | | 特支学級担任 | | | | | | 10 年研で同期とつながる。通信で特別支援教員免許取得。 |
| 12 | | 特支学級担任 | | | | | | 特別支援学級と通常学級の交流をレポートにまとめて発表。 |
| 13 | b4 小 | 4 年担任 | | | | | | 学外研修に積極的に参加。教育実践論文で厳しい評価。 |
| 14 | | 3 年担任 | | | | | | 学校の雰囲気が崩壊。高め合いは学外。 |
| 15 | | 5 年担任 | | | | | | 同期の同僚と学校改革を進める。市の研究会で授業研究。 |
| 16 | | 6 年担任 | | | | | | 研究方法の未熟さを痛感。大学院受験。市の研究員。 |
| 17 | | 6 年担任 | | | | | | 大学院在籍。学び直し。学校では見聞きしない情報。 |
| 18 | | 5 年担任 | | | | | | 大学院在籍。自校の校内研究が機能していないことを自覚。 |

**図 13-5　ライフライン法を援用した研究方法**（姫野ら，2015）

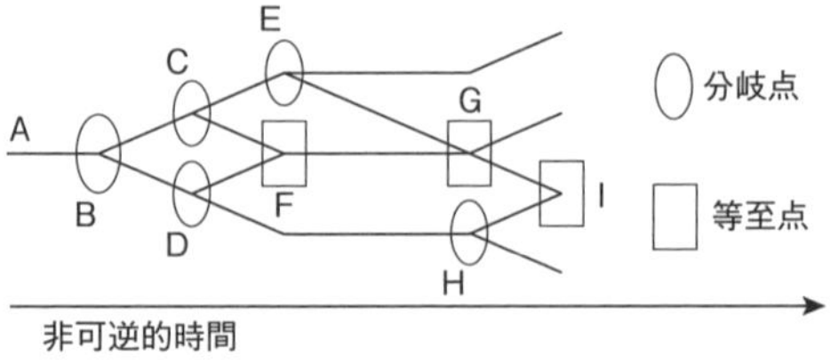


**図 13-6　TEA（TEM）による発達における等至性の表現**
（サトウ，2009 を一部改変）

## 4. 教師として学び続けるための鍵は何か

「学び続ける教師」というと，個々の意欲や資質の問題ととらえられる傾向がありますが，単に意欲が高ければよいというわけではありません。最近の教員養成や現職研修の現状を見ると，講義や研修の義務化・システム化が進み，教師の学びが狭い範囲に限定されてしまい，「決められた授業や研修を受けること＝教師の学び」と非常に狭くとらえられている気もします。もちろん講義や研修を受けることも重要ではありますが，教師として学ぶ機会はそれだけではありません。また，教師としての学びは，学校内に限定されるものでもありません。多様な文化や人々と触れあい，見識を広げることによって，教育者としての哲学がつくりあげられるのです。だからこそ，教師として学び続けるためには，主体的に学ぶためのコミュニケーション能力やマネジメント力，自分の実践を対象化してとらえるためのリサーチマインド，メタ認知力などが必要となります。そして，こういった研究的視点を一人ひとりの教師がもつことが重要です。生涯にわたる教師の成長・発達過程を対象化し，教師や教師集団にとっての学びとは何か，どのような学びが教師の成長・発達に寄与するのかといった教育現場発の研究の推進が期待されます。

### 引用文献


浅野信彦（2004）．教師教育研究におけるライフストーリー分析の視点―学校の組織的文脈に焦点をあてて―　文教大学教育学部紀要, *38*, 83-93.

Ball, S., & Goodson, I. (1985). *Teachers' lives and career*. The Falmer Press.

町支大祐（2015）．初めての異動―初任校から２校目への環境変化　中原　淳・脇本健弘・町支大祐　教師の学びを科学する―データから見える若手の育成と熟達のモデル（pp. 103-113）　北大路書房

藤原　顕・遠藤瑛子・松崎正治（2006）．国語科教師の実践的知識へのライフヒストリー・アプローチ　渓水社

姫野完治（2013）．学び続ける教師の養成―成長観とライフヒストリー　大阪大学出版会

姫野完治（2016）．実践知の伝承と教育　電設技術, *62*(7), 22-27.

姫野完治・益子典文（2015）．教師の経験学習を構成する要因のモデル化　日本教育工学会論文誌, *39*(3), 139-152.

稲垣忠彦・寺崎昌男・松平信久（1988）．教師のライフコース―昭和史を教師として生きて　東京大学出版会

川村　光（2003）．教師の中堅期の危機に関する研究―ある教師のライフヒストリーに注目して　大阪大学教育学年報, *8*, 179-189.

岸本幸次郎・久高喜行（1986）．教師の力量形成　ぎょうせい

サトウタツヤ（2009）．HSSの発祥とTEMとの融合　サトウタツヤ（編）　TEMではじめる質的研究（pp. 33-54）　誠信書房

高井良健一（1994）．教職生活における中年期の危機―ライフヒストリー法を中心に―　東京大学教育学部紀要, *34*, 323-331.

高井良健一（2015）．教師のライフストーリー――高校教師の中年期の危機と再生　勁草

書房
時任隼平・寺嶋浩介（2018）．学校改善を担うスクールミドルの成長発達に寄与する教職経験に関する研究　日本教育工学会論文誌, *42*(1), 15-29.
塚田　守（2002）．女性教師たちのライフヒストリー　青山社
東原和郎（2019）．教師がミドルリーダーへと変容する過程　秋田喜代美・藤江康彦（編）これからの質的研究法（pp. 252-272）東京図書
山崎準二（2002）．教師のライフコース研究　創風社

# 14 章

# 自律性支援から見た教師の成長

## 1. 指導において何が求められているか

授業での指導の仕方は本当に様々です。うまく子どもの好奇心をくすぐりながら，生き生きと授業を進めていく教師がいます。また，子どもの発言をうまく引き出し，子どもが主体となって進めていくような授業を展開する教師もいます。一方で，教師自身のしたいことが出すぎて，子どもがついてこられなかったり，萎縮してしまったりするような指導もあるかもしれません。

多岐にわたる教師の仕事の中で，学習面での指導は中心的なものの 1 つです。子どもにとって「よりよい指導」ができるようになることは，多くの教師が願っていることでしょう。「よりよい指導」を考える時，子どもの意欲を促すという視点が大事になってきます。学習指導要領では，学習の在り方として主体的・対話的で深い学びが重視され，育むべき資質・能力の 1 つとして学びに向かう力が想定されています。裏を返せば，子どもの意欲を促すような指導ができるようになることが求められているといえます。

子どもの意欲を促す指導は，教師の成長をとらえる一側面でもあります。吉崎（1998）は，教師の発達過程を初心期（教職 3 年目ぐらいまで），中堅期（教職 5 年目から 15 年目ぐらいまで），熟練期（教職 20 年目以降）の 3 段階に分けています。そして，初心期から中堅期にかけては，子どもの興味・関心を喚起するような指導ができるようになることが課題となってくるとしています。教師が成長していく過程では，子どもの意欲を促すような指導ができるようになっていくという変容が見られるのです。

## 2. いかにして子どもの意欲を支えるか

### (1) 自律性支援と統制

学習面での指導の特徴をとらえる視点として，自律性支援（autonomy support: Deci & Ryan, 1987）があります。自律性支援は，子どもの視点や選択，自発性を大事にしようとする指導を指すものです。リーヴ（Reeve, 2016）によると，自律性支援には，①子どもの視点で考える，②動機づけの源（興味や好奇心，など）を刺激する，③学ぶことの意味づけをする，④否定的な感情を認める，⑤情報を与えるような言葉を使う，⑥辛抱強く待つ，という6つの側面があります（図14-1）。子どもがどのように受け止めるかという視点で授業を計画し，うまく興味や好奇心を刺激するかたちで課題を提示し，子どもが自分から動きだすのを辛抱強く待つような指導の仕方が自律性支援です。

自律性支援の対極にあるのは統制（control）といわれる指導です。プレッシャーや不安を与えて，教師が意図しているように子どもを動かそうとするのが統制的な指導です。つい必要以上に子どもに指示を与えたり，子どもが何かしようとすることを禁じたりしてしまいます。このように，子どもがすることや考えることを教師がコントロールしようとする意図が強すぎると，統制的な指導になってしまいます。

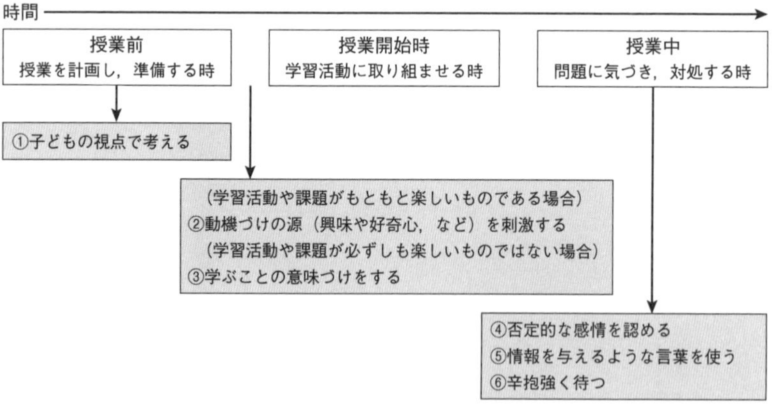


**図14-1　自律性支援の6つの側面と授業の場面**（Reeve, 2016をもとに作成）

自律性支援や統制は，授業場面での指導の特徴をよく表します。本章の冒頭で示した例でいえば，子どもの好奇心をくすぐり，発言をうまく引き出すのは自律性支援的な指導ですし，教師のしたいことが前面に出てしまっているのは統制的な指導だといえるでしょう。

### (2) 自律性支援の効果

いうまでもなく，教師の指導は子どもに大きな影響を与えます。では，自律性支援という視点で見ると，どのような影響があるのでしょうか。

岡田（2014）は，中学生に対して調査を行いました。まず，どれか1つの教科を選んでもらい，その担当の先生について，「一人ひとりの意見をちゃんと聞こうとする」「生徒自身に考えさせようとする」など，自律性支援的な指導をどの程度してくれているかを評定してもらいました。そして，その教科の授業に対してどれぐらい興味をもっているか，どれぐらい自己効力感をもっているかを尋ねました。自己効力感というのは，学習をうまく進めていけるという自信を指すものです。すると，先生が自律性支援的な指導をしてくれていると思っている生徒ほど，教科に対する自己効力感が高く，興味を高くもっていました。この結果は，教師の自律性支援的な指導を行うことで，子どもは学習を進めていけるという自信をもち，意欲的に学ぶことができることを示しています。

自律性支援の効果について，非常に多くの研究が行われてきました。概して，教師の自律性支援は，学習に対する興味や積極的な取り組み，学校の楽しさなど様々な学習成果につながることが明らかにされています（岡田，2018）。効果はやや小さいですが学業成績の高さとも関連します。自律性支援は，子どもにとっての「よりよい指導」の一端を表すものといえるでしょう。

## 3. 自律性支援の点から教師の成長をどのようにとらえられるか

### (1) 教育観としての自律性支援

教師は日々の経験を積む中で，「子どもの意欲を促すためには，こういった指導が必要だ」というような教育観や指導観をつくりあげていきます。自律性支援は指導の在り方をとらえるものであると同時に，子どもの自発性や選択を大事にしたいというある種の教育観を示すものでもあります。

どのような教育観をもっているかは，実際の指導の仕方や授業の展開の仕方にあらわれます。自律性支援を重視する教師は，どのような授業を行うのでしょうか。鹿毛ら（1997）は，小学１年生の算数の授業を観察し，自律性支援を大事にしている教師が行う授業がどのように展開していくかを調べました。すると，そこにはいくつかの特徴が見られました。１つは，児童の積極的な発言を軸として授業が展開していたことです。伝統的な教師主導型の授業では，教師が発問し，子どもがそれに答え，教師が評価するという発話のパターンが中心だと言われています（Mehan, 1979）。しかし，自律性支援を大事にする教師が行う授業では，教師の発問に答えるだけでなく，児童が自ら話題を発展させていくような展開が見られたのです。もう１つの特徴として，内容的にも児童の積極的な授業参加を促すような発言が多く見られました。例えば，正解・不正解にとどまらないオープンエンドな発問を行ったり，教師がわざと間違えて児童の疑問を喚起するような発言が多く見られたのです。

授業場面で行われる具体的な指導の背景には，教師がもつ教育観があります。普段から子どもの自発性や選択を大事にしたいと思っている教師は，子どもの発言を引き出しながら，積極的に参加する授業を展開しているのです。

### (2) 教育観としての自律性支援の変化

学習面での指導に関する教師の成長を考えた時，統制的な指導に頼っていたのが，自律性支援的な指導ができるようになっていくという変化が一般的にはありそうです。例えば，浅田（1998）は，教職経験が長い熟練教師（23年）と教職経験が浅い若手教師（２年）が授業場面でどのような情報を参照しているかを調べました。すると，熟練教師は，生徒の反応をもとに指導法や教材の使い方などを柔軟に変更しているのに対し，若手教師は，あらかじめ用意していた指導法を用いる際にのみ，生徒の反応に注目していました。若手教師にとって，子どもに合わせて柔軟に授業を展開することは難しいものです。そのため，場合によっては，評価をちらつかせたり，教師の力技で授業の流れをもっていくような統制的な指導になってしまうこともあるでしょう。

**表 14-1　自律性支援の有効性認知を尋ねる項目**（岡田，2017）

- 児童や生徒ひとりひとりの発言や意見をきちんと聞く
- 指導案などの授業の計画よりも，そのときの児童や生徒のペースに合わせて授業を進める
- 授業の内容や課題について，なぜそれを学ぶのかを児童や生徒に説明する
- 自分で説明するよりも，児童や生徒に考えさせる
- 児童や生徒の興味にあわせて，授業を展開する
- 授業中に，自分で決めたり，選んだりする機会を児童や生徒にもたせる
- 授業中に，問題や課題ができなくて困っている児童や生徒に個別に対応する
- 授業のなかで，児童や生徒に自分の得意なところを気付かせる
- 授業中に，児童や生徒に自分で解き方や考え方をみつけさせる
- 授業中に，児童や生徒どうしで意見を交換する機会をもたせる

では，若手の教師は，自律性支援が大事だと思っていないのでしょうか。岡田（2017）は，現職教員を対象に，自律性支援に対する考え方を尋ねる調査を行いました。表 14-1 にあるような自律性支援的な指導を提示し，それぞれの指導の仕方が，児童・生徒の意欲を高めるのにどの程度有効だと思うかを尋ねました。その評定値を，自律性支援が有効であると考えているという意味で「自律性支援の有効性認知」としました。

自律性支援の有効性認知の高さは，人によって違います。自律性支援的な指導が効果的だと思っている教師もいれば，そう思わない教師もいるでしょう。そこで，自律性支援の有効性認知を得点化し，勤務する学校種と教職歴ごとに整理すると図 14-2 のようになりました。図の縦軸は，自律性支援の有効性認知の高さを示しています。上にいくほど，子どもの意欲を高めるために自律性支援的な指導が大事だと考えているということです。

図 14-2 からは，興味深い傾向が読み取れます。まず，全体的に得点が高くなっています。これは，「意欲を高めるのに自律性支援が有効だ」という考えが大部分の教師に共有されているということを示しています。さらに，この得点は，教職歴によってほとんど違いが見られませんでした。高校教員では教職歴が長くなるにつれて高くなっていく傾向がありますが，小中学校の教員では教職歴によってほとんど変化はありませんでした。つまり，小中学校に限定すれば，若手の教師もベテランの教師も，子どもの意欲を促すためには自律性支援が大事だと考えているということです。もちろん個々の教師による意識の差はありますが，教職経験を積み重ねるうちに自律性支援の大事さに気づくとい

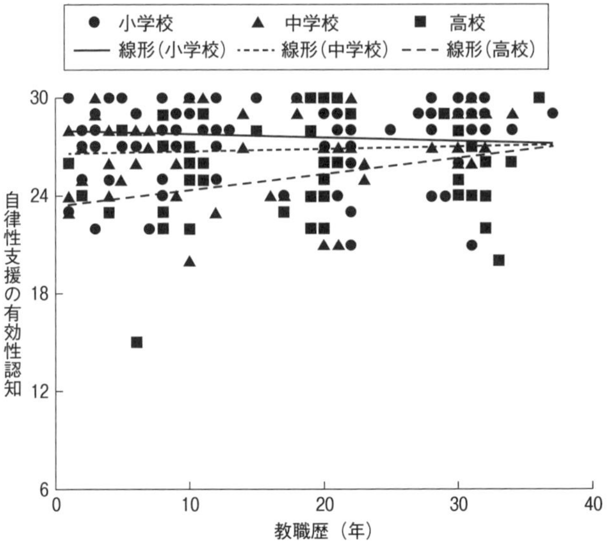


**図 14-2　学校種と教職歴ごとの自律性支援の有効性認知**
（岡田，2017をもとに作成）

う傾向があるわけではないようです。むしろ，子どもの自発性や選択を尊重することの意義はわかっているものの，それがうまくできないというのが若手の教師の心情だといえるでしょう。

## 4. 子どもの意欲を促す教師になるためには何が大事か

### (1) 自律性支援の具体を知る

多くの教師は，日々の授業の中で「よりよい指導」ができるようになりたいと思っているでしょう。特に，若手の教師にとっては，子どもの意欲を促す指導ができるようになることが1つの課題となります。その上で，自律性支援は有意義な見方を提供するものといえます。

しかし，自律性支援の大事さを認識しているだけでは，あまり意味がないかもしれません。岡田（2017）の調査で示されたように，若手の教師であっても自律性支援が大事であることは知っています。その重要さを知りながら，どのように実現すればよいかがわからないというのが実情です。リーヴら（2014）

が行った調査では，指導の仕方には，自律性支援の有効性を感じていることだけでなく，自律性支援的な指導をできるという自信も関連していました。当たり前のことですが，自律性支援の大事さを知っていても，自分ができるという自信をもてなければ，実際にそういった指導を行うことはできないのです。

自律性支援的な指導を行えるという自信をもつためには，自律性支援の考え方と具体的な指導の在り方をセットで考えることが必要です。自律性支援には教育観や指導観としての側面もあるため，極端なハウツーになるのは問題です。しかし，具体的にどのような授業展開や子どもとの関わり方が自律性支援的なものになるのかをイメージできなければ，自分の実際の指導に結び付けることは難しいでしょう。自律性支援の大事さを認識しつつ，それが具体的にどのように実現し得るかを併せて考えることが不可欠です。

### (2) 教師を取り巻く環境に目を向ける

どのような指導を行うかは，個々の教師の考え方や技量によるところが大きいでしょう。その一方で，個々の教師が置かれている環境によっても指導の仕方は影響を受けます。

ペルティエら（Pelletier et al., 2002）が現職教員を対象に行った調査では，職場でのプレッシャーが教師の自律性支援的な指導に影響していることが示されています。「自分は常に評価をされている」，「同僚に見られても恥ずかしくない指導をしないといけない」といったプレッシャーを強く感じていると，教師自身が仕事に対する内発的な意欲をもちにくく，結果的に児童・生徒に対する自律性支援的な指導が少なくなっていたのです。他にも，生徒の成績に対するプレッシャーをかけると，自律性支援的な指導が減り，統制的な指導が多くなることが明らかにされています（Deci et al., 1982）。

これらの研究結果は，本人の要因ではないところから指導の在り方が影響を受けることを示しています。学習指導に関する教師の成長を考える際には，個々の教師がもつ教育観や指導観に注目しつつ，指導の技術を学ぶ機会があるか，自分の指導力を伸ばしていけるような職場になっているかなど，教師を取り巻く環境について目を向けることも必要です。

## ● 引用文献


浅田　匡（1998）．授業設計・運営における教室情報の利用に関する事例研究：経験教師と若手教師との比較　日本教育工学雑誌, *22*, 57-69.

Deci, E. L., & Ryan, R. M. (1987). The support of autonomy and the control of behavior. *Journal of Personality and Social Psychology*, *53*, 1024-1037.

Deci, E. L., Spiegel, N. H., Ryan, R. M., Koestner, R., & Kauffman, M. (1982). Effects of performance standards on teaching styles: Behavior of controlling teachers. *Journal of Educational Psychology*, *74*, 852-859.

鹿毛雅治・上淵　寿・大家まゆみ（1997）．教育方法に関する教師の自律性支援の志向性が授業過程と児童の態度に及ぼす影響　教育心理学研究, *45*, 192-202.

Mehan, H. (1979). *Learning lessons: Social organization in the classroom*. Cambridge, MA: Harvard University Press.

岡田　涼（2014）．中学生における教師の自律性支援の認知が教科の学習内容に対する興味に及ぼす影響―学業的効力感と社会的効力感を介するプロセス―　香川大学教育実践総合研究, *28*, 15-22.

岡田　涼（2017）．教師の自律性支援―統制の有効性認知に関する研究―学校種，教職経験年数，教師効力感との関連から―　香川大学教育実践総合研究, *35*, 27-37.

岡田　涼（2018）．教師の自律性支援の効果に関するメタ分析　香川大学教育学部研究報告第Ⅰ部, *150*, 31-50.

Pelletier, L. G., Séguin-Lévesque, C., & Legault, L. (2002). Pressure from above and pressure from below as determinants of teachers' motivation and teaching behaviors. *Journal of Educational Psychology*, *94*, 186-196.

Reeve, J. (2016). Autonomy-supportive teaching: What it is, how to do it. In W. C. Liu, J. C. K. Wang, & R. M. Ryan (Eds.), *Building autonomous learners: Perspectives from research and practice using self-determination theory* (pp. 129-152). Singapore: Springer.

Reeve, J., Vansteenkiste, M., Assor, A., Ahmad, I., Cheon, S. H., Jang, H., ... Wang, C. J. (2014). The beliefs that underlie autonomy-supportive and controlling teaching: A multinational investigation. *Motivation and Emotion*, *38*, 93-110.

吉崎静夫（1998）．一人立ちへの道筋　浅田　匡・生田孝至・藤岡完治（編）　成長する教師（pp. 89-103）　金子書房

15章

# 授業内コミュニケーションの変化と教師の学び

## 1. なぜ，授業改善なのか

教師は学び続ける仕事です。様々な本を読んでみたり，研修などに参加したりして新たな知識や方法を得ることはもちろんのこと，日々子どもと向き合う中で子どもの発想に驚かされたり，授業で予想外の子どもたちの反応にあって自身の言葉がけを後悔したり，同僚との会話の中で子どもの知らない一面を知ったり，自身の授業の進め方を別の視点から見直したりすることもまた学びといえます。こうした学びは，何げない実践，授業の中に埋め込まれています。そして，教師という仕事をしていく上で不可欠なものであり，続いていくものです。

今，こうした教師の学びの意義はより強まっています。教師が向き合っている子どもたちは，これからの未来を担っていく存在です。彼らは数年で社会に出ていきます。しかしその数年後の社会は，どのような社会になっているのか予想もつかないくらいのスピードで変化しています。変化を見通せないこれからの時代において，新しい社会を自ら創造することができる子どもたちを育てるために，教師自身が絶えず学び続け，子どもたちの変化などをふまえながら自身の指導方法を見直し，改善していくことが求められています。

とりわけ，幅広い知識と柔軟な思考力に基づいて，知識を活用し，他者と協働しながら課題解決を行い，人生や社会に学びを生かそうとしていく子どもを育てていくために，「主体的・対話的で深い学び」の実現が重視されています(中央教育審議会，2016)。そして，教師は「主体的・対話的で深い学び」の視点に基づき，授業改善をしていくことが求められています。それは，単にグループで問題解決を行う機会を授業に設定したり，子どもたちに活動の方法や目的を決めさせて任せるような時間を設定したりすることを意味しません。そうした活動があるかどうかではなく，実際にその中で子どもたちが主体的・対話的で深く学んでいるかどうか，その質に着目し，改善していくことが求められているといえます。

## 2. コミュニケーションが変わるとどのように学びの質は変わるか

こうした学びの質を左右するものの1つが授業におけるコミュニケーションです。授業では，話し言葉や書き言葉，ジェスチャーや沈黙なども含め，様々なコミュニケーションがなされています。「主体的・対話的で深い学び」の実現においては，教師と子ども，子どもと子どもの間でなされるコミュニケーションの質を変えていくこと，さらには改善していくことが問われているといえるでしょう。

例えば，フォーマンら（Forman et al., 2017）は，ダーウィンの自然淘汰説を理解し，それを用いて議論することを目指すカリキュラムに参加した教師の授業におけるコミュニケーションの変化を検討しています。そして，当初は生徒の発言機会が半分ほどで教師が支配するようなコミュニケーション（IRE/IRF）であったのに対し，カリキュラムに参加したのちは授業における生徒の発言は全体の9割近くに増え，生徒がコミュニケーションをコントロールするように変化していることを明らかにしました。また，教師が生徒の自由度を許容し，「～してほしい」といった言葉がけから「どうする？」という言葉がけを行うようになり，生徒の学習のメンターからパートナーへと変化していることを指摘しています。さらに，カリキュラムが進むにつれて，教師は子どもたちに挑戦的な課題に取り組ませ，教室を科学的な議論を行うコミュニティに変えていっていることを指摘しています。このように，コミュニケーションの質を変えることで，教師と子どもの関係性が変化し，子どもが授業の中で発揮する役割や力も変化することがうかがえます。

ファン・デル・フェーンら（van der Veen et al., 2017）は，子どもたちが生産的にコミュニケーションするのを促す教師の言葉がけを表15-1のように整理しています。ここに示されているように，教師は単に知識を伝えたり，伝え

表 15-1　生産的な会話とメタ的なコミュニケーションの働きかけの記述と例（van der Veen et al., 2017）

| 教師の言葉掛けの働き | 概要 | 例 |
|---|---|---|
| 1．共有する，広げる，明らかにする | 子どもに自身の考えや発言をクラスと共有したり，クラスに広めたり，明らかにしたりするよう促す | |
| 1.1　考える時間 | 子どもにしばらく考えるよう言葉で促す | 「それについてちょっとみんなで考えてみよう」 |
| 1.2　付け加え | 子どもに自身の考えについて付け加えるよう促したり，考えを明確にするよう背中を押す | 「盾について，もうちょっと言える？」 |
| 1.3　リヴォイシング | 確認したり，広げたり，最初の発言を位置づけたり，賛成したり反対したり，付け加えたり交渉したりなどするための場をつくるために，子どもの発言（の一部）を言い換えたり言い直したりする | 「つまり，彼の盾の，赤いところのことを言ってるの？」 |
| 2．聴き合う | 子どもたちに聴き合うよう促す | |
| 2.1　繰り返す又は言い換える | 子どもたちが聴き合い，他者の考えを真摯に受け止めるのを奨励するために，他の子の発言を繰り返したり言い換えるように促す | 「今ダナが言ったことをだれか言える？」 |
| 3．推理する | 根拠を尋ね，推論を深めるよう刺激する | |
| 3.1　なぜを問う | 推論するよう子どもの背中を押す，または子どもの考えの背後にある論理的根拠を思いつけるよう尋ねる | 「なんでてんとう虫には盾が必要だと思う？」 |
| 3.2　課題や反例 | 最初の考えの反例や課題を見つけるように促す | 「いつもそんなふうにいくかな？」 |
| 4．一緒に考える | 他者と考え，互いの考えに基づいて進めるように促す | |
| 4.1　賛成又は反対 | ある子の考えについて賛成か反対かを示すよう他の子に促す | 「ジュリー，サラの考えに賛成？どうして？」 |
| 4.2　付け足す | ある子の考えに付け足したり応答したりするように促す | 「誰かてんとう虫のシールドについてサネが言ったことに付け足せる？」 |
| 4.3　別の人に説明する | 誰かが言ったことがどういうことかを説明するよう求める | 「ドゥーベが言おうとしたこと，誰か説明できる？」 |
| 5．メタ・コミュニケーション | 子どもに，コミュニケーションにおける自身の振る舞いや話したメッセージのわかりやすさについて振り返るよう促す | |
| 5.1　メタ認知へのガイド | わからないことを明確に示し，子どもに言い直すように促す | 「どういうことかわからないなあ」 |
| 5.2　会話のグラウンド・ルール | 集団に適用している会話のグラウンド・ルールをはっきりと指し示し，新しいルールについて検討し，コミュニケーションにおける自身の振る舞いを振り返るように促す | 「どうして聴き合うことが大事なの？」「こないだ決めたルールはなんだっけ？」 |

た内容を子どもが理解しているかどうかを確認するだけではなく，子どもの考えを聴き，また別の子どもに問いかけながら，子ども自身が考えを深めていけるよう支援していくことが求められているといえるでしょう。

また，グループでの学習活動を取り入れた授業においても教師の役割は変化しています。教師による知識伝達中心の授業とは異なり，グループでの学習活動では個々のグループによって問題に取り組むペースが異なり，より複雑な状況を把握し，対応をしていくことが求められます。とりわけ，グループでの学習時，教師はむやみに介入するのではなく，子どもたちの学習状況をよく理解することが必要でしょう。教師によるグループへの介入とその後のやり取りの展開を検討したチウ（Chiu, 2004）は，教師による介入が，子どもたちが課題に取り組めていない時に起きていることを明らかにし，介入後には子どもたちの課題への取り組みや解決のレベルが上昇していること，特に，子どもたちが質問をして介入を求めた場合や，教師が同意や反対を表明した場合に課題への取り組みが増加していることを示しています。一方で，課題解決に関わる内容を伝えたり，グループが問題状況を正しく理解している時に教師が指示を出したりするほど，介入後の子どもたちの課題への取り組みが減ることを示しています。そして，生徒の取り組み状況をよく見ている教師ほど，あまり多くの指示を出さず，新しい情報を与えるよりも子どもの考えを用いて支援しようとする傾向にあること，子どもの考えに寄り添うことで，その考えを検討する価値のあるものとして尊重し，正当だと認めていることを示しています。こうした教師の関わり方もまた，グループでのコミュニケーションに影響を及ぼすといえます。

## 3. どのような教師の学びがコミュニケーションの変化につながるのか

### (1) 授業に関わる知識の変化

上述のようなコミュニケーションの変化の背景にはどのような教師の学びがあるのでしょうか。1つには，新しいスキルや知識の獲得があります。中等学校の数学教師を2年にわたって観察したシーモアとレーラー（Seymour & Lehrer, 2006）は，教師の「授業を想定した教材内容の知識（Pedagogical content knowledge: PCK)」(Shulman, 1987) の変化に着目しています。PCKとは，単なる教材内容の知識 (content knowledge) ではなく，その教材をどのように教えたら学習者にとってわかりやすいかといった学習指導の方法に関する知識や，学習者のわかり方についての知識です。シーモアーとレーラーは，教材研究を通して教師が数学に関わるPCKを発達させるのに伴い，授業中の言葉がけが変化していることを明らかにしています。具体的には，単に子どもの発言を他の子にも聴こえるように繰り返したり，子どもの考えを精緻にするために尋ねたりするといった一般的な経験則によるリヴォイシングが，より柔軟で，子どもが語るアイデアの中に数学的な価値を見出し，目標とする数学的な表現へ変化させるのを試みるように尋ね，支援するリヴォイシングへと変化していました。そして，このような変化により教師と子どもの間での議論が生き生きとしただけでなく，数学的な理解がより深まったことを明らかにしています。ここから，単に教材についての知識を豊かにするだけでなく，授業を想定し，子どもたちがその教材についてどう考えるかなどについて理解を深めることで，授業中の子どもたちの発言がどのような思考から生まれているのか，どのように教材とつながっているのかを聴くことができ，さらに子どもが思考を深めることができるようなコミュニケーションを組織することにつながることがうかがえます。

### (2) 授業経験の省察による学び

教師の学びを特徴づけるもう1つは省察 (reflection) による学びです。ショーン (Schön, 1983) は，様々な専門家 (Professional) の実践を分析し，専門家の行為と省察の関係を検討しています。そして，専門家と呼ばれる人は豊富な知識や技術を適用する“技術的合理性”に基づいて実践しているのではなく，状況と対話しながら何がそこで問題となっているのか，問題の枠組みを問い直しながら，何をすべきかを判断する“行為の中の省察 (reflection-in-action)”に基づき実践していることを指摘し，そうした専門家像を“省察的実践者”と呼びました。そして，教師もまた，絶えず授業経験を省察しながら学ぶ“省察的実践者”であることが指摘されています (佐藤，1997)。

キーマーら (Kiemer et al., 2015) は，授業をビデオ撮影し，継続して視聴して実践を省察し，再定義するという介入を行いました。その結果，教師は自身の教授行為の意味をとらえ直すことができ，授業において答えが1つに決まっている閉じた質問が減り，多様な回答が可能な質問が増加したこと，単純なフィードバックが減り，構成的なフィードバックが増加したことを指摘しています。また，そのように授業における教師の言葉がけが変わり，コミュニケーションが変化したことで，子どももまた教科に対する興味を高めたことを示しています。日本においても授業ビデオを見返してその時の思考や判断，行為を省察することが昔から多くの学校でなされています。こうした機会は，自身の教授行為の意味や，その授業での問題をとらえ直し，言葉がけの改善につながるといえるでしょう。

また，坂本（2013）は小学校の音楽の授業を対象に，授業後の協議会における同僚教師との協働的な省察を通して，その後の授業がどのように変化しているのかを検討しています。そして，授業者である教師が授業を終えて感じた「歌全体のイメージが共有できていない」という問題について，自身の目指す授業に即した他の教師からの問題点の指摘により問題のとらえが変わり，さらには「ある子に説明してもらうとよいのでは」という代案提示を受けることで，次の時間に子どもたちの話し合いの展開に応じて当該の子どもに説明してもらい，共有する場面をつくり出し，授業を変化させていることを明らかにしています。ここから，授業者は協議会における同僚教師との協働的な省察を通して，単に知識を得たり代案としての方法を得て適用するのではなく，自身の問題状況のとらえを問い直しながら，さらにその後の実践においても状況と対話しながら実践を変化させていることがわかります。

### (3) 省察の在り方の変化

さらに，教師は授業実践とその省察の繰り返しの中で，状況と対話しながら何がそこで問題となっているのか，問題の枠組みを設定する仕方も変化させています。一柳（2018）は教職大学院に通う現職院生（教職経験16年）が，新たに協働的な学習を取り入れた授業に取り組んだ2年間にわたる実践記録について，実践した授業の事実から何に注意を向けて取り上げ，どのように考察しているかを検討しています。その特徴を分類した結果，図15-1に示すような

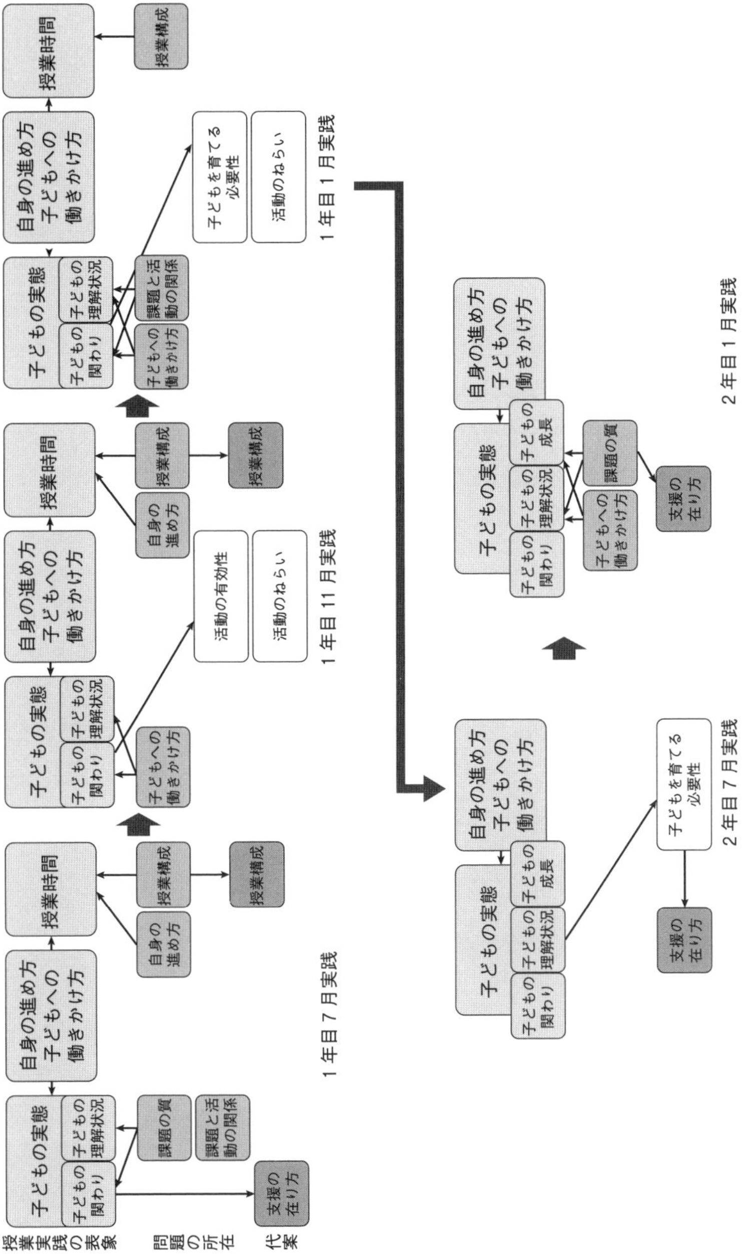


図 15-1　授業の省察における変容（一柳，2018）

変化があることが示されました。新しい授業スタイルに取り組み始めた当初（1年目7月，11月）は，「授業を振り返ると，時間をとても気にしていた。せわしかった」のように授業時間を問題としてとらえ，自身の時間配分といった授業構成に原因があると考え，その改善について考察することが多かったのに対し，やがてそうした授業時間を問題ととらえなくなっていることがわかりました（2年目）。一方，子どもの実態について，当初は教職大学院で学んだ理論に基づいて設定した目指す姿に基づいて子どもの様子をとらえ，その背後に課題や活動といった自身の教授行為に原因があるととらえていました（1年目7月）。しかし，徐々に子どもの多様な姿に目を向け，自身の教授行為だけではなくなぜ子どもが困っているのかなど，子どもの視点から問題をとらえようとするようになっていました（2年目1月）。さらには，どのような子どもを育てるためにこうした実践をしているのか，という視点が加わり（1年目1月），自身の支援の在り方を考えるようになっていました。こうした変化は，授業の経験とその省察に加え，同僚との会話の中での気づきもきっかけになっていることがうかがえました。また，こうした変化は実際の授業のコミュニケーションにも反映されていました。1年目（1月）は教師が話題を設定し主導して話し合いを展開していました。しかし，2年目（1月）には子どもに話題を委ね，子どもの発言に共感しながらその考えに沿って議論を展開させていました。ただし，そうした省察の仕方の変容とコミュニケーションは時間的に同時に起こるわけではなく，実践化されるにはタイムラグがあることもうかがえました。

## 4. いかに教師の学びを支えるか

以上のように，授業内のコミュニケーションの変化は教師の学びと関わっています。ただし，遠山・白水（2017）は理想的なコミュニケーションの特徴を明らかにし，それに基づいて学習過程を評価したり教育実践に応用する研究は，本来多様なはずの学習者の学習過程やコミュニケーションを「対話の型」に当てはめ，強制する恐れがあること，こうした知見を研究者が「最適な評価手法・指標」として現場に知見を手渡す方法では，教師自身の評価の力量向上につながり難いという課題があることを指摘しています。理想的なコミュニケーションの実践への形式的な適用は“技術的合理性”に基づく実践に陥る危険性を孕んでいるといえます。“省察的実践者”としての教師の学びをとらえ，支えていく上では，そうしたコミュニケーションの背後にある実践的な知識や省察を視野に含めながらその特徴を明らかにしていくことが必要でしょう。さらには，そうした学びのプロセスそのものを支えていく上では研究者が共に歩みながら研究，実践を進めるアクションリサーチ（長倉・新保，2015）のかたちも重要となるでしょう。

## ● 引用文献


Chiu, M. M. (2004). Adapting teacher interventions to student needs during cooperative learning: How to improve student problem solving and time on-task. *American Educational Research Journal, 41*, 365-399.

中央教育審議会（2016）．幼稚園，小学校，中学校，高等学校及び特別支援学校の学習指導要領等の改善及び必要な方策等について（答申）

Forman, E. A., Ramirez-DelToroa, V., Brown, L., & Passmore, C. (2017). Discursive strategies that foster an epistemic community for argument in a biology classroom. *Learning and Instruction, 48*, 32-39.

一柳智紀（2018）．授業における教授行為と思考の変容に見る教師の学習　日本教育心理学会第60回総会自主企画シンポジウム

Kiemer, K., Gröschner, A., Pehmer, A., & Seidel, T. (2015). Effects of a classroom discourse intervention on teachers' practice and students' motivation to learn mathematics and science. *Learning and Instruction, 35*, 94-103.

長倉　守・新保　淳（2015）．省察を中核とした授業実践力向上のための方法論に関する研究（2）―アクション・リサーチによる教師の変容　中学校社会科地理的分野・地誌学習を事例として―　教科開発学論集, *3*, 139-149.

坂本篤史（2013）．協同的な省察場面を通した教師の学習過程：小学校における授業研究事後協議会の検討　風間書房

佐藤　学（1997）．教師というアポリア　世織書房

Schön, D. (1983). *Reflective practitioner: How professionals think in action*. New York: Basic Books.

Seymour, J. R., & Lehrer, R. (2006). Tracing the evolution of pedagogical content knowledge as the development of interanimated discourses. *Journal of the Learning Sciences, 15*, 549-582.

Shulman, L. S. (1987). Knowledge and teaching: Foundations of the new reform.

*Harvard Educational Review, 57*(1), 1-22.

遠山紗矢香・白水　始（2017）．協調的問題解決能力をいかに評価するか：協調問題解決過程の対話データを用いた横断分析　認知科学, *24*(4), 494-517.

van der Veen, C., de Mey, L., van Kruistum, C., & van Oers, B. (2017). The effect of productive classroom talk and metacommunication on young children's oral communicative competence and subject matter knowledge: An intervention study in early childhood education. *Learning and Instruction, 48*,14-22.

16 章

# 教師の成長を支える校内研修

## 1. 教師はどこでどのように学び成長していくのか

### (1) 求められる教師像

教師は教員として採用されることがゴールではなく，教職生活全体を通じて実践的指導力等を高めることが求められます。とりわけ急速に発展していくこれからの社会においては，知識・技能を絶えず刷新し，教師自身が探究し学び続けていく，「学び続ける教員像」の確立が求められています（中央教育審議会，2012)。

また中央教育審議会（2016）では，これからの社会を生きる子どもたちのためには，各教科などで「教員が何を教えるか」という観点で編成された教育課程から，学習する子どもの視点に立ち，子どもたちに培う資質・能力をベースにマネジメントされた教育課程へと転換していく必要性を提起しています。教師には，各教科等の指導に関する専門知識を備えた「教えの専門家」としての側面のみならず，教科などを越えたカリキュラム・マネジメントのために必要な力や，主体的・対話的で深い学びを実現していくために学習・指導方法を改善していくために必要な力といった「学びの専門家」としての側面も備えることが必要とされているのです（中央教育審議会，2015)。

### (2) 学び続ける場としての学校と授業研究

教師が学び続け，資質能力を向上させていく大きな場の１つが，学校です。「教員は学校で育つ」ともされており，学校内において同僚とともに支え合いながら日常的に学び合うことが重要とされ，特に授業研究をはじめとした校内研修および園内研修の充実が求められています（中央教育審議会，2015)。

授業研究をはじめとした校内研修は，日本では伝統的に行われてきました。それは明治維新を機に欧米の一斉授業の方式が取り入れられ，教師たちが学校で自主的に研修を行ったり，批評会を行ったりしたことに始まり，普及に伴い定型化を辿りながらも，大正自由教育運動の中で進化し，第二次世界大戦による衰退と再生を経て，高度経済成長期の中で多様化してきました（木村，2019)。

そしてスティグラーとヒーバート（Stigler & Hiebert, 1999/2002）が，第3回国際数学理科教育調査（TIMSS）において日本の高い学力の背景には「授業研究」があると報告したことを機に，世界的にも注目されるようになりました。JICA（国際協力機構）においても授業研究を諸外国に導入する事業や研修が様々に行われています。現在では世界授業研究学会（World Association of Lesson Studies: WALS）も設立され，世界的に広がりつつあるといえます。

その背景には，学習活動のシステムが学校の中に埋め込まれ，そこに暗黙の規範やツール，ディスコースが歴史的に形成されていくという，授業研究の良さがあるといえます（Wolf・秋田，2008)。学校では授業研究以外にも，アクション・リサーチやカリキュラム開発，コーチングなどが行われますが，これらは教師個人やグループの問題意識によって探究が始まり，解決すれば終わります。それに対して授業研究は，学校の学習活動システムとして業務に埋め込まれ，校内研修として組み込まれています。そのため，たとえ問題意識がなかったとしても学校教員の共同体の中に成員として参入し関わっていくうちに追究がなされ，どの教師も学んでいくことができるというのです。

### (3) 状況に埋め込まれた知とコミュニティにおける学習

教師が学ぶという時，個々の教師が自身の知識や技術を磨いていくことがイメージされるかもしれません。しかし実際には，その知は，どんな状況にも当てはまる不変のものというより，むしろ状況や関係によるものです。

熟達研究においては，ある領域で手続き的な知識を身に付けた，柔軟性のない「定型的熟達者」(routine experts）と，手続きを遂行しながら概念的知識を構成して柔軟に行動する「適応的熟達者」(adaptive experts）があるとされています（波多野・稲垣，1983)。教師の場合について考えると，授業や子ども理解など特定の知識や技術を磨いていくという点では「定型的熟達者」となっていくことが求められるといえますが，実際には，その場の状況に合わせて即興的に判断や意思決定を行い，柔軟に対応することが求められ，「適応的熟達者」になっていくことが求められます。

教師の知識や技術は，個々人のもつある領域の特定の知識や技術を，熟達者が未熟者へ伝達していくものとして存在するというより，学校で営まれている実践の共同体に加わりながら，その一部となり，十全的に参加していくプロセスの中で培われる（Lave & Wenger, 1991/1993）ものであるといえます。

実際，教師を対象に行われた調査結果においては，教師の学び成長する場はその教師の教室を中心として同心円的構造を示しているとされています（佐藤, 2015)。成長の契機として最も有効なのは，同じ学校の同僚たちからの助言であり，同一学年もしくは同じ教科の同僚を中心とし，次に校長や教頭からの助言，その次に校内研修における助言，教育委員会等の研修，最後に大学で行われる研修と，円状に広がるとされています。したがって佐藤（2015）は，教師は一人では学び成長しえないとし，教育社会学者ジュディス・リトル（Judith W. Little）の提起した「collegiality」という概念を「同僚性」と訳し，「授業の創造と研修において教師が専門家として連帯する関係」が重要であるとしています。そして同僚性に関する研究は教師の「専門職の学び合うコミュニティ（professional learning community)」の研究へと展開しています。

ハーグリーブス（Hargreaves, 2003/2015）は，知識社会における学校は子どもたちに創造性や独創性を育む必要がありながら，カリキュラムの画一化と標準化を推し進めようとしていることを危惧し，知識社会の学校と教師のありようを論じています。そこで取り上げられている典型的な知識社会の学校の1つは，「学習する組織」と「専門職の学び合うコミュニティ」の原理に基づいて運営されています。学習する組織においては，組織のメンバーが部分と全体とがいかに相互に関係づけられているのか，システム思考を働かせ，組織の共有ビジョンを把握しながら，個人と集団それぞれの学びがつながって展開していきます（Senge, 1990/2011)。またウェンガーら（Wenger et al., 2002/2002）の提起する「実践コミュニティ（community of practice)」においては，分担された作業を遂行するチームではなく，メンバーが実践に関心をもって色々なレベルで参与し，学び合いながら関わりを深めていくことで育ち，組織が発展していきます。こうした理念のもとで，教師たちが協働し，学び合いながら，成長していくことが重要だとされているのです。

### (4) 省察的実践者を支えるコミュニティ

先述の通り，教師の仕事は，特定の知識や技術を身に付けておけばどんな状況にも適用可能であるというものではありません。実践の中で，時には予想を超えた出来事に遭遇しながら，そこで生じる驚きを受け止め，より良い状況に向けて自身の思考を問い直し，新たな枠組みで実験的に試していくことが求められます。教師の実践は，「技術的合理性」に基づくものではなく，「省察的実践」なのです（Schön, 1983/2007）。

「省察的実践」には，実践を重ねる中で他者と対話をしながら実践をとらえ返す力量を身に付けていくことが必要です。ショーン（Schön, 1987/2015）はその方法として3つのモデルを提起しています。熟練者のものの見方や取り組み方を追って自分もやってみる中で力量を身に付けていく「ついてきなさい(follow me!)」，熟練者が誘う実験に参加し協働で探究していく「協働実験(joint experimentation)」，様々な鏡が自分の思考や行為を照らすように，多様なアプローチの中で自分の認識の枠組みをとらえ返す「鏡のホール（hall of mirrors)」です。これらのプロセスでは，熟練者側もその実践をとらえ返し，評価吟味することが求められ，互いに自分と相手の認識の変化について探究していくという，支え合う関係にあります。

学校において，実践を省察し，再構成して次の実践につないでいく力量を培う上で，授業研究の場が鍵になります。協働で授業を振り返ることで，自分のとらえを引き出してもらえたり，自分に見えなかったことや考えていなかったことに触れたりすることができ，子どもの姿をとらえる自分の見方を問い直し，判断を鍛える場になります（岸野，2019）。授業研究会の場が，経験の長い教師が経験の浅い教師に対して批判したり一方的に指導したりするのでなく，「鏡のホール」となって互いに探究して学び合い支え合う，実践し省察するコミュニティとなっていくように，デザインしていくことが求められます。

## 2. 校内研修の中で教師は具体的にどのように成長していくのか

### (1) ある幼稚園における3年間のプロセス

ここでは，ある公立幼稚園での園内研究会で教師たちの語りがどのように変容していったのかを示し，特に一人の若手男性教諭Aの変容に焦点をあて，事例を通して，学校の学び合うコミュニティの中で教師が成長していくには校内研修がどのような意味をもつのか，考えていきたいと思います。

当該幼稚園は，園長と教頭，担任6名（3～5歳児2クラスずつ），3・4歳児学年担当2名，養護教諭1名，支援員6名で構成されています。園内研究会は養護教諭・支援員を除き10名で行っていました。園長・教頭以外は20, 30歳代の若手教諭で，年度によりますが男性教諭が2，3名の割合で在籍していました。園内研究会の内容は，毎回1クラスずつ研究保育を行って，他クラスの教師が自クラスを見ながら交代で参観して記録をとり，降園後に研究会を行いました。県や地区の研究指定が当たっていたこともあり，1年目には公開保育研究会を行い，2，3年目には地区を代表しての研究発表に向けて夏期休業中に事例検討の研究会も行いました。

#### ①報告の場としての研究会

最初の研究会は広いホールで，研究保育をした担任がこれまでの経過と当日の思いを語った後，参観者が付箋に書いた「子どもの姿・良かったところ・改善するといいところ」を模造紙に貼り，順に報告するという流れで行われました。教頭のようなベテラン教諭が豊かな語りをする一方，それ以外の教師は見た出来事を順に報告することが続き，丁寧に事実を語り認識を問い直すということが難しい様子でした。司会者が「ほかの先生ならどんな環境づくりをしますか」と問うた場面では，A教諭は漠とした印象を語り，「道具をもう少し減らしてもよかったのかもしれない」と直感的に感想を語りました。それに対して担任は特定の子どもの姿を具体的に語り「今の子どもたちには合っていた」と返し，司会者が「ありがとうございました」と議論を回収していきました。

これらの背景には，研究会の場の意味が不透明で，いつのまにか参観の報告が目的化していたり，司会者の役割がまとめることとなっていたりしたことがうかがえます。「指導助言」として著者に与えられた時間には，自身が子どもの姿をどうとらえたのか語りつつ，次回以降は，少人数に分かれて語り合うことを提案しました。

**②共感的に語り合う場へ**

研究会はしばらくホールでグループに分かれて行われていましたが，冬の寒さと距離の遠さ，声の拡散を解消するため，小さな会議室で行われるようになりました。２，３のグループに分かれて模造紙を囲み，付箋をもち寄りながら，特定の場面の子どもたちの姿と参観者や保育者のとらえ，参観者自身ならどうかという判断が語り合われるようになりました。Ａ教諭が研究保育の担任だった回では，前日の状況を踏まえて今日担任としてやってみようと判断したことが語られ，子どもに考えさせることの大事さと難しさをめぐって，参観者から保育者としての迷いに共感する声や「こうしてもよかったかも」という提案が語られました。やり取りの中で，「昨日は…」というプロセスが語られたり，「自分なら…」という「私」がその根拠と共に照らし出されたりするようになっていました。

**③プロセスを探る場としての２年目**

教頭の転出，初任教諭の転入のほか，若干の人事異動がありました。次年度に４県地区の研究発表が決まり，その準備に向かいつつ，前年度と同様に研究保育とグループでの語り合いが行われました。当初，初任教諭は「間違っているかも…」と戸惑いを示しながら出来事の報告を中心に語りましたが，Ａ教諭が「大丈夫」と声をかけたり，他の教諭が「それ誰が？」など具体化する問いを投げたりし，温かく聴く様子が見られました。Ａ教諭自身は，より丁寧に個々の子どもの思考や行為のプロセスを探って語り，自分のとらえや評価を語るようになっていました。Ａ教諭の立ち位置が，語り合いをリードする立場へ変わったことがうかがえました。

**④保育も研究会も協働探究の３年目**

研究発表を秋に控え，考察の手がかりとして「幼児期の終わりまでに育ってほしい10の姿」についての理解も進めながら，研究保育を進めていきました。２人の教諭の異動と同時に，この地域では３年周期で人事異動があることをふまえて世代交代のためか，研究主任も代替わりしました。研究会では，Ａ教諭は率先して語っていました。特定の子どもが何をどうしていったかのプロセスと周囲の子どもの動き，そしてこれからの子どもの育ちや遊びの発展のプロセスの想定が語られます。子どもの思いや考えの解釈には，「10の姿」に照らしての意味づけも加えられました。A教諭自身が園での経験を重ねてきて，その時期どんな遊びが展開するか，どのような育ちが見られるか，見通しがもてるようになり，保育について探究を深められるようになったこと，また研究会のもち方そのものについても，教師みんなで相談して「10の姿」の視点を使うようにするなど，協働での探究が進んできたことがうかがえました。

### (2) 教師の成長をもたらす校内研修のために

はたして，教師の変容は，個々の教師の力量の向上だけによるのでしょうか。事例においては，研究会の場そのものも変容しています。①場所（大きなホールから小さな会議室へ），②スタイル（全体会からグループ協議へ），③対話構造（報告と司会者のまとめからやり取りを通した対話へ），④雰囲気（形式的な報告から共感的に語り合う風土へ），⑤人事異動（メンバーの立ち位置の変化），⑥研究主任の代替わり（主任の決定から協働探究へ）などです。また研究発表の指定や人事異動の周期など，この園や地域特有の事柄も大きく作用しているといえます。教師の成長は，個々人の力量の問題だけではなく，社会的・文化的・歴史的な要因が絡み合って連動しています。校内研修が教師の成長を支えるものとなるには，どういう場所で，どんなメンバー構成で，どんな対話や雰囲気をつくり出すのか，学校の置かれている状況をふまえて，学び合うコミュニティそのものを耕していくことが重要であるといえます。

#### ● 引用文献

中央教育審議会（2012）．教職生活の全体を通じた教員の資質能力の総合的な向上方策について（答申）　平成24年8月28日

中央教育審議会（2015）．これからの学校教育を担う教員の資質能力の向上について：学び合い，高め合う教員育成コミュニティの構築に向けて（答申）平成27年12月21日

中央教育審議会（2016）．幼稚園，小学校，中学校，高等学校及び特別支援学校の学習

指導要領等の改善及び必要な方策等について（答申）　平成28年12月21日

Hargreaves, A. (2003). *Teaching in the knowledge society: Education in the age of insecurity*. New York: Teachers College Press: Columbia University.（木村　優・篠原岳司・秋田喜代美（監訳）(2015). 知識社会の学校と社会：不安定な時代における教育　金子書房）

波多野誼余夫・稲垣佳世子（1983). 文化と認知：知識の伝達と構成をめぐって　阪本昴（編）　思考・知能・言語　現代基礎心理学7（pp. 191–210）　東京大学出版会

木村　優（2019). 授業研究の誕生と成長：実践と理論の間で　木村　優・岸野麻衣（編著）　授業研究：実践を変え，理論を革新する（pp. 6–11）　新曜社

岸野麻衣（2019). 省察と再構成：授業研究会の自律進化へ　木村　優・岸野麻衣（編著）　授業研究：実践を変え，理論を革新する（pp. 128–133）　新曜社

Lave, J., & Wenger, E. (1991). *Situated learning: Legitimate peripheral participation*. Cambridge, NY: Cambridge University Press.（佐伯　胖（訳）(1993). 状況に埋め込まれた学習：正統的周辺参加　産業図書）

佐藤　学（2015). 専門家として教師を育てる：教師教育改革のグランドデザイン　岩波書店

Schön, D. A. (1983). *The reflective practitioner*. New York: Basic Books.（柳沢昌一・三輪建二（監訳）(2007). 省察的実践とは何か：プロフェッショナルの行為と思考　鳳書房）

Schön, D. A. (1987). *Educating the reflective practitioner: Toward a new design for teaching and learning in the profession*. Hoboken, NJ: John Wiley & Sons.（柳沢昌一・村田晶子（監訳）(2017). 省察的実践者の教育：プロフェッショナル・スクールの実践と理論　鳳書房）

Senge, P. (1990). *The fifth discipline: The art and practice of learning organization*. New York: Doubleday.（枝廣淳子・小田理一郎・中小路佳代子（訳）(2011). 学習する組織：システム思考で未来を創造する　英治出版）

Stigler, J., & Hiebert, J. (1999). *The teaching gap: Best ideas from the world's teachers for improving education in the classroom*. New York: The Free Press.（湊　三郎（訳）(2002). 日本の算数・数学教育に学べ　教育出版）

Wenger, E., Medermott, D., & Snyder, W. M. (2002). *Communities of practice*. Boston, MA: Harvard Business School Press.（野村恭彦・野中郁次郎・櫻井祐子（訳）(2002). コミュニティ・オブ・プラクティス：ナレッジ社会の新たな知識形態の実践　翔泳社）

Wolf, J.・秋田喜代美（2008). レッスンスタディの国際動向と授業研究への問い：日本・アメリカ・香港におけるレッスンスタディの比較研究　秋田喜代美・ルイス, C.（編著）　授業の研究　教師の学習：レッスンスタディへのいざない（pp. 24–42）　明石書店

# 17章

# 教職と研究

## 1. 望ましい研究とは

### (1) 得られた知の新奇性・脱常識性

研究というものは，わかっていないことや不確かなことや誤認されていることについての認識を進展させるための探求活動であり，常識に箔を付けるためのものではありません（もちろん，単なる調べ学習でもありません）。そして，実証という活動は，本来，論理だけでは他者が納得できないような新奇性・脱常識性が高いことを主張する際に，それに説得力をもたせるために行われるものです。ですから，多くの人に「へえー，そうか」とか「意外だ」などと強く思ってもらえる知が得られている研究ほど望ましいといえるでしょう。さらに，いったんは「えっ」という感じで，すぐには納得してもらえないけれども，よく聴いて（ないし，じっくり読んで）考えた後，「あー，そうか」とか「なるほど」などと思われるものであれば，より深い，望ましい研究だといえる可能性が高いと思います。また，特に学術的には，「見出された現象」よりも，それを説明するための「理論」の新奇性・独創性が重要になるとともに，「世間の常識」よりも「学界の常識」に照らした新奇性・独創性が求められます。ただし，教育の問題に関わる研究においては，多くの実践家の認識の進展を促すことにつながる知を提示することにも大きな意義があると思います。

### (2) 得られた知の確実性

これは主として研究方法の妥当性に関わる事柄であり，データとそれに基づいて主張されていることの間の乖離が小さいほど，確実性が高い，望ましい研究といえます。基本的なことで例示するならば，限られた条件下で検討されたものであるにもかかわらず，そのようなことをふまえずに「〜であることが実証された」などと結論づけることや，他の解釈可能性が多分に存在するにもかかわらず，一面的な因果解釈をすることなどは，データと大きく乖離した主張をしていることになります。

### (3) 得られた知の普遍性

ここで問題になるのは，「ある2つの変数の関係」とか「○○の××による違い」といった，見出された現象の普遍性（ないし，一般性）よりも，「その現象を説明するための理論が（一見，無関係に思えるものも含む）他の多くの現象にもどれだけ当てはまるか」といった，理論の普遍性です。ただし，これは多分に自然科学の研究における価値観に傾倒した考えであり，教育心理学のような「実践」ということを意識する必要性が高い研究領域においては，「普遍性の高さを追求するほどリアリティが損なわれて，実用性が低くなる」という面があるために，「普遍性が高いほど望ましい」とは一概にはいえないとも考えられます。

### (4) 得られた知の社会にとっての有用性

筆者は，「全ての研究は，“得られた知の社会への還元”ということを意識して行われなければならない」などとは思っていません。真理の探究ということのみに動機づけられて行われることも認められるべきだと考えています。しかし，一方で，価値フリーではあり得ない教育の問題に関わる研究に関しては，「得られた知が社会ないし多くの人にとって“役に立つ”または“ためになる(心の成長を促す)”ものである」ということが重要になると考えています。そして，より具体的に述べるならば，「得られた知を，教育に関わるどのような人に，どのように伝え，どう活かしてもらうか」ということが明確になっていることが求められると思います。

なお，以上はポジティブな面に注目した事柄ですが，ネガティブな面にも注目するならば，「知見が悪用されたり，差別などを助長したりする可能性が低いこと」や「研究の遂行過程において倫理的な問題が生じていないこと」なども「(望ましくない研究ではない，という意味で）望ましい研究」であるための条件だといえると思います（ただし，これまでに記したことは，「そうであるほど望ましい」ということであって，ある研究が望ましいものであるといえるために絶対に必要な条件であると考えている事柄ではありませんし，もちろん，十分条件でもありません）。

それから，当然のことながら，望ましい（ないし，質の高い）実践的研究であるためには，検討されている実践そのものの質が高くなければならないと思いますが，このような「質の高い実践とは」ということに関して，吉田（2018d：165～168 ページ）は，次のようなことなどを述べています。

・その実践を通して変容を促そうとしていることの価値を多くの人が高く評価するものであることが重要になる。
・多くの人が高い評価をする実践を構築するためには，「どのような社会の形成を目指すのか」ということについてあらたまって考えた上で，「そのような社会を形成するためには実践の対象となる人たちをどのように育むことが大切になるのか」ということについて熟考することが大切になる。
・何らかの理論に基づく（すなわち，なぜ有効なのかについて論理的に説明できる）ものであることも重要になる。

## 2. 研究を遂行する際にはどのような姿勢でのぞむ必要があるか

### (1) 価値的なことについての問い直しの必要性

以上に記したことの多くは先達が論じてきたことを筆者なりに整理したにすぎないものであり，多くの研究者の合意が得られるであろう内容であると考えて提示しました。しかし，研究の望ましさ，その中でも特に「質の高い実践とは」という事柄は，元来，主観的で曖昧な面を多分に有しており，論理的に明確な判断を下すことはできないものだと思います。しかし，当然のことながら，だからといって「何らの問い直しをすることもなく，各自が勝手に判断をして，それに沿った実践（的研究）をしてもよい」というものではなく，絶対的な解答がない事柄であるからこそ，「独善的な考え方をしてはいないか」とか「常識にとらわれてはいないか」などと省察して，自らの価値観を広げたり深めたりしていくことが求められるのだと思います。そして，そのためには，様々な人たちの多様な考えにふれることが大切になると思います。

なお，先に記した「変容を促そうとしていることの価値を多くの人が高く評価するか」ということに関わることとして，吉田（2018d）は，何らかの実践を行うことの影響について精緻に考える（言い換えれば，ある事を行うことの是非という価値的な事柄についてクリティカルに問い直す）ためには，以下のようなことなどをふまえておいた方がよいと述べています（具体的なことについては，吉田，2018d の 166〜167 ページを参照してください）。

・種々の面への影響について，ポジティブ，ネガティブの両面から考える（すなわち，望ましいと思っていることにも弊害があり得ること，また逆に，望ましくないと思っていることにも良い面があり得ることを意識して考える）。また，ある１つの影響が，ポジティブにもネガティブにも解釈され得る可能性について考える。
・短期的な影響（目先の結果）だけでなく，長期的な影響についても考える。
・種々の影響に関するプライオリティ（何をどう変容させることがより重要なのか）について考える。
・状況によって影響が異なる可能性を踏まえた分化した考え方をする。

### (2) クリティカル・シンキングおよびリスキーな検討の必要性

筆者は，吉田（2018a〜e）の添付冊子に記したように，心に関わる研究においては，方法上全く問題のないものは現実にはあり得ないと思っています。その論拠は，①心に関わる研究では，通常，直接観察することができない構成概念を相手にしているために，その測定や操作の方法に完全といえる状態があり得ないこと（「神経質」とか「自尊心」などといった心の特性や状態に関する言葉は，人間の行動について説明するために創造ないし想定されたものであることから，一般に構成概念と呼ばれています），②どのような心理現象にも非常に多くの変数が複雑に絡み合って関与しており，各研究においてそれらのすべてを考慮することはできないこと，③各研究は，参加者の特性や実施される状況などに関する種々の変数に関して，限られた条件下で行われていること，などです。また，残念なことに，このような「元来そうであって，致し方ないこと」だけでなく，種々の研究法に関して明らかに不当だと考えられる適用をしている研究も遍在しています。したがって，データと乖離した不当な主張を自らがしたり，他者が行った研究の結果を無批判に受け入れたりしないように，「本当にそうだといえるのか」，「他の解釈はできないのか」，「だれでも，または，どのような場合にも，そうなのか」などとクリティカル・シンキングを働かせることや，自らの仮説やその背後にある理論を反証の危険にさらすリスキーな検討を意識的にしようとすることが重要になります。

なお，以上の研究法上の問題の中でも，「測定値が測定しようとしている特性や状態を的確に反映している程度」である測定の妥当性の問題は心理学的研究では非常に重要であり，教育現場で多用されている市販の質問紙尺度でも測定の妥当性に関する検討が極めて不十分であろうものがあります（測定の妥当性に関わる問題については，平井，2006，村上，2003，吉田，2018c などを参照してください）。また，因果関係の特定は極めて困難な事柄であるにもかかわらず，安易に決めつけた解釈および主張がなされていることも，非常に遍在性が高い問題です（このことについては，吉田，2018a，c，e を参照してください）。さらに，統計的データ分析法には種々の限界，恣意性，曖昧さなどが存在することや実際の研究において不当な適用が遍在していることも多々指摘されています（このことについては，吉田，1998，2002，2018a〜e を参照してください）。それから，吉田（2018d）の 158〜164 ページには，何らかの実践の効果について検討する際の留意点などが詳しく論じられています。

### (3) 1人ひとりの心理についてていねいに検討することの必要性

多くの心理学的研究では，性格や能力などの個人差は想定しても，変数間の相関関係ないし影響関係などから推察される心のメカニズムに関しては個人差を想定せずに，一般的傾向をとらえることのみを目的としています。しかし，相関関係や影響過程について検討する対象になっている種々の変数の1つひとつに関して個々人から様々な状況下で空間的または時間的な広がりをもった多くのデータを収集して，個々人の心のメカニズムについて検討すると，通常，そこには大きな個人差が認められ，一般的傾向をどのような個人にも短絡的に当てはめるのは危険であることがわかります。

例えば，吉田・村山（2013）では，種々の学習方略（勉強法）の有効性の認知とそれらの使用の程度の関係などに関して，学習者間で大きな個人差が存在することが示されています。また，矢野（2006）では，小学校の現職教員が「どのような状態にある児童を人間関係に大きな問題があると判断するか」ということに関して，大きな個人差が存在することが報告されています。このようなことから，各研究参加者にかかる負担は大きくなりますが，「まずは1人ひとりの心理についてていねいに吟味し，その上で，その一般的傾向や個人差について検討する」という姿勢で研究を行うことが大切だと思います（以上のことの詳細については，吉田，2002，2018e を参照してください)。

なお，日本教育心理学会における研究動向を見る限り，わが国の教育に関わる実践的な研究においては，近年，実践家と研究者が協同して実践を構築しているケースが増え，そのような中で，協同しなければ構築できなかったと考えられる質の高い実践が報告されるようになってきたように思います。このような傾向は基本的には望ましいことであり，今後も維持ないし強化されていってほしいと思いますが，協同をする際には，「実践家と研究者が，安易に互いを拝跪することなく，（非難や否定ではなく）批判することを認め合い，そうし合える風土・切磋琢磨できる関係をつくること」や「価値的なことについても議論をすること」などを心がけてほしいと思います。

それから，本章では主に学術的研究の遂行を想定して論じていますが，本章に記していることや紹介した文献で述べられていることの多くは，教育現場において研究授業や研究発表会を行う際にも多分に該当することだと思います。

## 3. 研究法について学ぶ際にはどのような姿勢でのぞむ必要があるか

### (1) 基礎・基本的な事柄についての確実な理解の重要性

学習というものは，本来，既有知識との関連づけがなされながら進むものであり，とりわけ研究法についての学習はこのような面が強いものです。したがって，有意味かつ確実な学習をするために本来必要なはずの基礎的な知識が獲得されていなければ，そのような学習は成立しないはずです。また，既有知識との関連づけが適切になされなければ，「あっ，そうか」とか「なるほど」などというような理解の進展についての認識が生じないために，「おもしろい」

という感覚に付随した学習への動機づけも高まりにくいものと考えられます。また，基礎的なことを十分に学習することなく，訳がわからないままに，ただ型にはまったことが機械的に行えるようになるための勉強ばかりをしていることが，研究法の力の過大視を生じさせ，過度の論理的飛躍を伴う不当な結果の一人歩きを横行させてしまっている現状が遍在しています。このようなことから，当然のことながら，研究法について学ぶ際には，まずは，「基礎・基本的な事柄についての確実な理解」ということが重要になると思います。

### (2) 各方法の意味（意義と論理）についての確実な理解の重要性

「なぜ，このような方法を用いる必要があるのか，このようにしないとどのような問題が生じるのか」といった意義と「この方法は，どのような理屈のもとに成立しているのか」といった論理，これらのことについての理解を重視した学習をしないと，知識の定着が望めないとともに，学ぶことがおもしろくなくなってしまうと考えられます。また，意味理解を重視した学習がなされていないために，ある型を学ぶと，どのような場合にもそれを適用してしまう，一種の思考終止や手段の目的化といえるであろう状態が生じているように推察されます。しかし，いかに論理が妥当で精緻であれ，どのような研究法も，それを適用する実践の場においては，柔軟に型を崩したり，その研究法をベースにして新たな型を創造したりする必要が生じる可能性を有しています。以上のことから，「確実な意味理解」ということも心がけてほしいと思います。

### (3) 不合理について学ぶことの重要性

2節の（2）に記したクリティカル・シンキングを適切に行うためには，人間の情報処理および情報探索の不合理な面や実際に行われている研究の問題点に関する的確な知識を豊富にもつことが必要になります。したがって，「不適切ないし不当な方法による妥当性の低い結果を世の中に提示することは，意図的ではなくても責任を問われる行為である」という認識のもと，「様々な不合理について知る」ことを重視した学習をしてほしいと思います。

なお，吉田（1998：268ページ）に記したように，「統計学の考え方の基本は，私たちが日常行っている思考の中の良識あるものを，少し洗練して定式化したものに過ぎない」と考えられます。そして，このことは，統計的データ分析法に限らず，研究法全般に当てはまることだと思います。ですから，研究法に関する適切な知識の形成は，研究の遂行に関わらない日常の思考の精緻化にもつながると考えられます。また，今後は探究活動の指導の重要性がますます高まるものと考えられますが，研究法に関する知識は，このような時にも有用になるはずです。さらに，測定の妥当性に関わる基本的な事柄について理解することは，「大学入試センターテストに代わるテストにおける記述式の問題の導入や英語のスピーキング導入と民間委託の問題」のような教育に関わる社会問題に関して発信されている情報（例えば，南風原，2018）を的確に理解し，当該の問題についてクリティカルに考えるための教養にもなると思います。

### ● 引用文献


南風原朝和（編）(2018)．検証 迷走する英語入試―スピーキング導入と民間委託― 岩波書店

平井洋子（2006)．測定の妥当性からみた尺度構成―得点の解釈を保証できますか― 吉田寿夫（編） 心理学研究法の新しいかたち（pp. 21-49） 誠信書房

村上　隆（2003)．測定の妥当性　日本教育心理学会（編） 教育心理学ハンドブック（pp. 159-169） 有斐閣

矢野公子（2006)．子ども同士の人間関係の望ましさについての教師の考えに関する研究―多様性，非合理性，無自覚性に焦点をあてて― 兵庫教育大学大学院学校教育研究科平成17年度修士論文（未公刊）

吉田寿夫（1998)．本当にわかりやすい すごく大切なことが書いてある ごく初歩の統計の本 北大路書房

吉田寿夫（2002)．研究法に関する基本姿勢を問う―本来の姿ないし基本に戻ろう― 下山晴彦・子安増生（編） 心理学の新しいかたち―方法への意識―（pp. 73-131） 誠信書房

吉田寿夫（2018a，b)．本当にわかりやすい すごく大切なことが書いてある ごく初歩の統計の本 補足Ⅰ，Ⅱ 北大路書房

吉田寿夫（2018c，d，e)．本当にわかりやすい すごく大切なことが書いてある ちょっと進んだ 心に関わる 統計的研究法の本 Ⅰ，Ⅱ，Ⅲ 北大路書房

吉田寿夫・村山　航（2013)．なぜ学習者は専門家が学習に有効だと考えている方略を必ずしも使用しないのか―各学習者内での方略間変動に着目した検討― 教育心理学研究, *61*, 32-43.

# 18章

# 教師の実践知

## 1. 実践知とは

実践知とは，仕事の熟達化に伴って身に付く，実践の現場で適切な判断をくだしたり，スキルを実行したりする，その人独自の知性のことです。

実践知の由来は古く，アリストテレスが人の知識や知恵を学問的知識（エピステーメ），技術（テクネー），そして，実践知（フロネーシス）の3つに分けたことに始まります。学問的知識や技術との最も大きな違いは，実践知には信念，意志が不可欠だということです。教師の実践知にも教育に関する信念や授業観，子どもに対する思いや願い，意図があるのです。

西之園（1999）は教師の実践知を図18-1のようにモデル化しています。実践知はまず，言語化しやすいかどうかで明示知と暗黙知に分かれます。言語化しやすい明示知は形式知とほぼ同じ意味で用いられますが，宣言的知識（「AはBである」）とも呼ばれ，言葉や数式で説明できる理論的・体系的な知識・技能のことです。日常知は，日常生活の中でその人なりの方法で身に付けた言葉で表現できる知識や知恵です。一方，暗黙知は言葉や文章で表すことが難しく，場面や文脈に依存する程度の高い主観的・身体的知のことで，手続き的知識（やり方の知識）とも呼ばれます。そこには稲垣・佐藤（1996）が反省的実践と呼んだ授業の展開，子どもとの応答，視線の向け方なども含まれます。ま

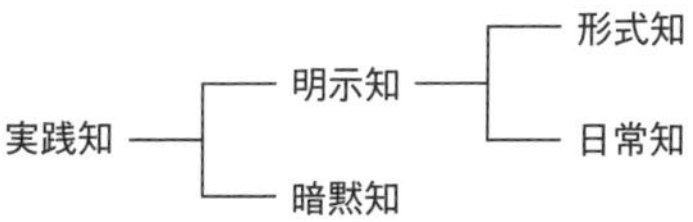


図18-1　教育の実践知とその形式
（西之園，1999）

た，暗黙知には経験則に基づいて意思決定を行うヒューリスティック（発見的問題解決法）も含まれます。例えば，授業中に一人ずつ順々に指名するアルゴリズム的なやり方では時間がかかるうえに授業のリズムを崩してしまいます。その点，見当をつけてから最初の子どもを指名するヒューリスティックは外れることもありますが，うまくいくと効率的で効果的な方法といえるでしょう。

## 2. 教師の実践知はどこにどのように表れるか

### (1) 授業を想定した教科内容知識

教師の実践知としてまず「授業を想定した教科内容知識」を取り上げます。ヒルら（Hill et al., 2005）は，アメリカの小学校115校の低学年の算数科の教師を対象とした調査で，教科内容の知識の他に，「授業を想定した教科内容知識」を測定しました。その中には，授業中に子どもがよくおかす間違いについての見解をたずねる質問も含まれていました。担当するクラスの子どもたちの成績との関係を分析した結果，子どもの成績の伸びを説明しているのは教材解釈や教材研究によって身につけた教科内容知識ではなく，子どもの学習過程をふまえた「授業を想定した教科内容知識」であることが明らかになりました。

では，具体的に教師はどのような「授業を想定した教科内容知識」をもっているのでしょうか。坂本・秋田（2012）は，50代半ばで教職歴20年を超えるベテラン教師H先生の「説明文の授業づくり」に関する実践知を示しています。H先生は，まず国語の説明文の授業を「認識を広げる」授業だととらえます。その上で「きちっとした教材解釈」をもとに子どもから出そうな疑問を予想し，それに応えられる資料を準備します。そして，授業の中では子どもたちの発言を丁寧に聴き，それらの発言を関連づけながら，子どもたち自身が答えを探究できるように仕向けます。あらかじめ用意される資料こそがH先生の「授業を想定した教科内容知識」を具現化したものといえます。

また，香川大学教育学部（2019）は，附属小・中学校の算数・数学科の教師と共同で，子どもたちがつまずきやすいポイントと最初の手立てについて調査しました。その結果，例えば，小学校6年生の算数「対称な図形」では，「対称性に着目して，四角形や正多角形を考察し，対称の軸の数，対象の中心をみ

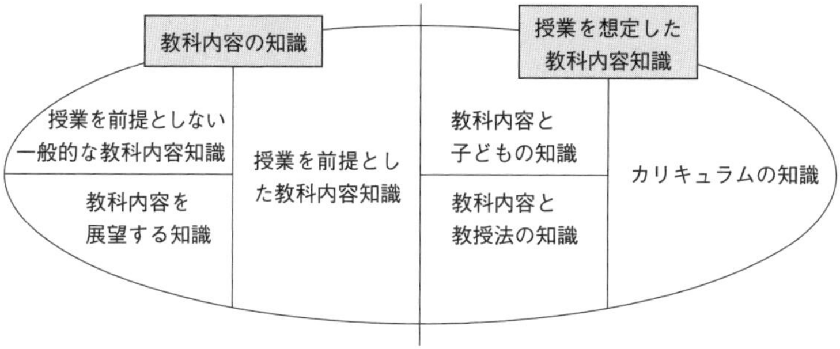


**図 18-2　授業のための教科内容知識**（Ball et al., 2008 より坂本・秋田，2012 改変）

つけることができる」ことを目標とします。その際，予想されるつまずきは，①辺の数が偶数の正多角形の対称の軸が見つけにくい，②対象の軸が 1 本ではないことや辺の数と軸の数は一致することなどの規則性を実感を伴って理解できないことです。その原因は向かい合う辺の中心をつなぐ対称の軸が見出しにくいためだと考えられることから，それに対する最初の手立ては，実際に折れる用紙を準備しておき，折り目で対称の軸を確認させていくことです。つまずきの予想とそれに対する手立てに関する知識も「授業を想定した教科内容知識」の 1 つだといえます。

### (2) 授業中の教師の注視点

姫野（2019）は，教師にとっての「みえる」を，①教師がもっている教育観・授業観・子ども観に基づいて，子どもが「みえる」，②子どもと教材に関する知識ベースに基づいて，授業の流れが「みえる」，③授業の根底にある法則や理論に基づいて授業の仕組みや構造が「みえる」という 3 つに整理しています。

有馬（2014）は，教職経験 18 年のベテラン教師と非常勤講師歴 8 ヶ月の初任教師に「みえる」ことの違いを文字通り注視行動から調べました。両教師は小学校 3 年生の算数科の指導案と教材の作成，および板書計画を共同で行い，授業内容と展開を同一のものにしました。教師の視点から撮影した映像をもとに，ゆさぶり発問に対する児童の発表中における教師の注視行動を比較したところ，初任教師は，発表時間（84 秒）のうち板書のために黒板を見た 59 秒間以外はすべて発表者を見ました。一方，ベテラン教師は，発表時間（73秒）のうち板書のために黒板を41秒間，発表者を2秒間見た以外はすべて発表者以外の児童を見ました。初任教師は基本通り発表者に視線を向けたと回想したのに対し，ベテラン教師は理解できているかどうかを児童の表情から読み取るために，意図的に発表者以外の児童を見たと回想しています。このように，注視行動には実践知の重要な要素である教師の意図が反映されているといえます。

また，有馬・柳原（2020）は，教職経験13年の教師の授業中における注視行動と，その教師があらかじめ評定した各児童の学力や学習態度，それらを総合した気がかり度との相関係数を求めました。教師は，4年生算数「四角形の面積の単位」の授業を，同じ指導案で16名の少人数2クラスで行いました。教師の視点から撮影した映像をもとに，注視した児童とその理由を想起してもらいました。その結果，1つの授業でのべ190名余りの児童の名前が想起されました。児童別の注視頻度と学力や学習態度，気がかり度との相関係数を求めたところ，2つのクラスに共通して，教師が説明し，児童がそれを理解する場面において，気がかり度が高い児童ほど注視頻度が多い（$r$＝.75，.80）ことがわかりました。また，図18-3に示すように，教室の座席位置によっても注視頻度に違いがあることがわかりました。平均して注視頻度が特に多いゾーン①，その約半分のゾーン②，そして，最も少ないゾーン③の3つに分けることができます。気がかり度による影響を考慮しても座席位置による偏りが見られます。

この教師は視点映像を視聴し次のような興味深いコメントをしています。

「なぜこの子を見ていたのか，あまり語れないだろうと思いながら視線映像を見はじめました。ところが，びっくりするほど鮮明に授業中の様子がよみがえってきて，その子を見た理由や意図を言葉にできました。授業をしている時は自覚していませんでしたが，予想以上に思いをもって支援や指導をしていることに気づきました。一方で，座席位置によって視線の向け方に偏りというかクセがあり，視線を均等に向けていない子どもたちがいることがわかりました。こういう弱点を知っておくと，普段の授業に活かせるなと感じました」。

注視行動には教師の意図が反映していることは前述しましたが，上のコメントから，その意図が無自覚であることも多いことがわかります。「無自覚の意

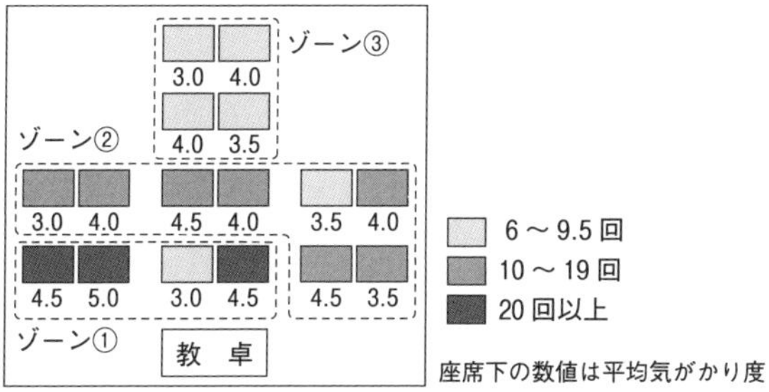


**図 18-3　座席位置で異なる平均注視頻度**

図」という一見矛盾した表現が，実際には矛盾なく機能するのが暗黙知の特徴です。

### (3) 授業に関する悩みの解決状態から見た授業について作成された比喩

教師はどのような授業イメージをもっているのか，それは授業に関する重大な悩みの有無やその解決状態によって変わるのでしょうか。有馬（2006）は，授業に関する比喩からこのことを調べました。表18-1に示すように，教職に就いた当初は，小・中学校の教師の多くが授業を「伝達の場」，「筋書き通り」，「楽しい」ととらえていること，さらに小学校では，「子どもを楽しませる場」とか，「難しい・苦しい」ととらえていることがわかりました。その後，ほとんどの教師が授業に関する重大な悩みを経験し，先輩や同僚に相談したり，研修会に参加したりして解決に取り組みます。その結果，悩みを解決した教師の多くが授業を「共同作成の場」ととらえるようになります。一方，未解決の教師の多くは授業を「未知の展開」ととらえています。こうした授業イメージは実践知として授業の準備や進め方に大きく影響していることが予想できます。

### (4) その教師独自の子ども認知のモノサシ

教師はそれぞれ独自の子ども認知のモノサシを持っています。近藤（1995）は，そのモノサシを教師用RCRTという手法を用いて明らかにしようとしました。この手法では，「似ている」と感じられる子ども，「すぐに思い出せる」子どもと「なかなか思い出せない」子ども，「ウマが合う」と感じられる子どもと「ウマが合わない」と感じられる子どもなど，4つの観点から二人一組の

表 18-1　授業に関する悩みの解決状態からみた「授業」について作成された比喩

| | | 小学校 | | | 中学校 | | |
|---|---|---|---|---|---|---|---|
| | 作成された比喩から得られるイメージ内容 | 当初 | 解決 | 未解決 | 当初 | 解決 | 未解決 |
| 授業の場 | | | | | | | |
| 共同作成の場 | [会話(2)，作品(2)，太鼓(2)，共同作業(2)] | 0 | 13* | 8 | 0 | 7* | 4 |
| 伝達の場 | [教科を教えるもの(3)，舞台(2)，発表会，演説] | 10* | 5 | 3 | 9* | 1 | 1 |
| 教師の学びの場 | [勝負(2)，粘土(2)，植物栽培，汽車の運行] | 7 | 10 | 12 | 2 | 3 | 4 |
| 子どもの成長の場 | [食べ物(3)，宝探し，びっくり箱] | 1 | 1 | 1 | 0 | 0 | 1 |
| 子どもを楽しませる場 | [手品(4)，漫才(3)，パフォーマー，遊園地] | 7* | 2 | 4 | 3 | 0 | 1 |
| 1時間の授業展開 | | | | | | | |
| 未知の展開 | [水(6)，生き物(5)，シナリオのないドラマ(3)，川の流れ(3)，嵐(2)，びっくり箱(2)，迷路(2)，ドラマ(2)，人生(2)] | 2 | 11 | 17* | 1 | 6 | 12* |
| 筋書き通り | [筋書きのあるドラマ，公式，シナリオ] | 8* | 0 | 2 | 7* | 0 | 1 |
| 日々の授業 | | | | | | | |
| 真剣勝負 | [真剣勝負(5)，ステージ(2)，舞台(2)，一発勝負(2)] | 1 | 4 | 4 | 3 | 3 | 4 |
| 日々異なる | [天気(2)，ドラマ(2)，迷路，シャボン玉，冒険] | 1 | 6 | 4 | 0 | 3 | 4 |
| 積み重ね | [積木(6)，建築(3)，階段(2)，アルバム，ファイル] | 2 | 5 | 5 | 0 | 1 | 3 |
| 授業に伴う感情 | | | | | | | |
| 難しい・苦しい | [マラソン(2)，宇宙，深い海，茨の道，鉛，戦場] | 11* | 1 | 5 | 6 | 1 | 4 |
| 楽しい | [楽しみ(4)，夢(2)，テーマパーク，自分の趣味] | 6* | 0 | 0 | 6* | 2 | 2 |
| その他 | [水道，授業] | 0 | 1 | 0 | 0 | 0 | 1 |
| | 計 | 56 | 59 | 65 | 37 | 27 | 42 |

*$p < .05$

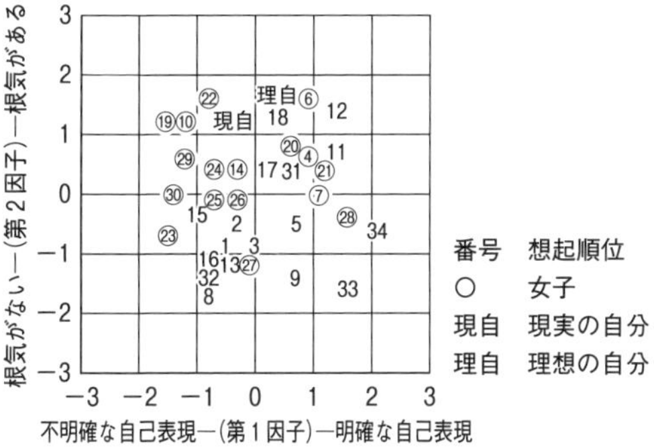


**図 18-4　E先生の子ども認知図**（近藤，1995）

子どもを選び出します。そして，それぞれの二人の類似点や相違点を自分の言葉で述べるという作業を通して，その教師が子どもを眺める時のモノサシを抽出します。E先生の場合は，第1因子が「自己表現の明確さ」，第2因子が「課題に対して根気強く取り組む姿勢」，第3因子が「他者に対する優しさ」というモノサシでした。そのうち，第1因子と第2因子から見た子どもたちの値をもとに作られた子ども認知図が図18-4です。E先生の「理想の自分（理自)」の位置を見ると，第1因子では「明確な自己表現」をする方向に，第2因子では「根気強く取り組む」方向に位置づけられています。もし，「理想の子ども像」を評定してもらえば，おそらくこの「理想の自分」の位置近くになるでしょう。これが，E先生が子どもたちに望んでいる姿だといえます。また，この2つの軸に照らした時の子どもの状況，たとえば，右上角と左下角を結ぶ対角線を境に，女子は左上に，男子は右下に多いという特徴も読み取ることができます。さらに，これとは別に第3因子を軸にした子ども認知図からは，E先生にとって「ウマが合う子」と「合わない子」は，第3因子の「他者に対する優しさ」の有無によって決定されているという人間関係も見えてきます。

筆者は教職大学院の授業で，受講者にこの手法を用いて子ども認知図を作成・考察してもらいます。多くのレポートに，「自分独自のモノサシがあることを実感できた」とか，「最初は，『ウマが合わない』子どもを選び出すことに抵抗があったが，次第に，子ども理解は自己理解であることに気づくなど多くの発見があった」といった感想が書かれます。子ども認知のモノサシと子ども認知図は，教師の重要な実践知だといえます。

以上の大きく4つの研究成果から見えてくる教師の実践知の特徴は，①教師の思いがあること，すなわち，目標志向的であること，②無自覚のうちに活用することが多いために，その重要性に気づきにくいこと，③妥当性が状況や個人の価値観によって異なること，④優れた実践知は構造化され一貫性があること，言い換えると，問題を発見する力，解決に必要なアイデア，知識，スキル，そして，解決しようとする意志が連動して働いていること，⑤一人一人の教師が実践を通して獲得し熟達化することなどです。

## 3. 教師はどのようにして実践知を高めていくのか

実践知は外部にある形式知を無条件に取り入れるのではなく，自分の教育観や信念に照らしながら，楠見（2012）の言う「他者との相互作用」や「経験からの帰納と類推」によって獲得していくものです。ここでは，野中・竹内（1996）が提唱した，4つの知識変換モードによる暗黙知の獲得過程を紹介します。図18-5に示すように，初任教師や若年教師は，共同化から出発して時計回りに表出化，連結化，そして内面化と4つの方法で知識変換を行いながら，熟達教師の暗黙知を自身の暗黙知へと内面化していきます。

まず共同化とは，初任教師がモデルとなる先輩教師や熟達者から直接教わらなくても，彼らの行う授業や学級経営の仕方をよく観察して記憶し，適切な時に模倣して実践することによって，それらのスキルや態度を暗黙知として身につけることです。その際，外見だけでなく，行動の背後にある考え方まで学習することが重要になります。

図18-5　4つの知識変換モード（野中・竹内，1996）

次に表出化とは，暗黙知を比喩やわざ言語，あるいはモデルの形で形式知として表すことです。野中・竹内（1996）は，「我々は，あるイメージを概念化しようとするとき，たいていは言語を用いる。しかし，言語表現は，しばしば不適当，不十分であり，一貫していないことが多い。そのようなイメージと表現の不一致やギャップはしかしながら，我々人間の思考や相互作用を促すのである」と述べています。自分自身の暗黙知を言語化してみましょう。一人で難しければ，同僚の教師と対話しながら試みるのも有効かもしれません。それを通して自分の暗黙知が自覚できるはずです。

続いて連結化とは，既存の形式知同士を連結し，新しく体系的な知識群を創出することです。表出化を通して形式知化された複数の暗黙知や，外部から書物，雑誌，テレビ，インターネット，マニュアル，内部資料，研修などのメディアを通して入手した最新の情報や知識，あるいは，新しい分野の体系的な知識を学んだりする場合もここに含まれます。

そして最後に内面化とは，連結化で得た形式知を，経験と省察を繰り返しながら再び暗黙知に変換することです。それによって自覚しなくても暗黙知を実践できるようになります。しかし，これら4つの変換モードは一度経験すれば完了という訳ではなく，そこにはまた新たな課題や目標が見えてきます。ですから，螺旋階段を上るように4つの変換モードを繰り返しながら熟達化していくことになりますが，これはまさに学び続ける教員の姿だといえます。

### ● 引用文献

有馬道久（2006）．教師の暗黙知の共有化をめざす教育心理学的研究　平成15～17年度科学研究費補助金〔基盤研究C〕研究成果報告書

有馬道久（2014）．授業過程における教師の視線行動と反省的思考に関する研究―熟練教師と初任教師の比較を通して―　広島大学大学院教育学研究科紀要第一部（学習開発関連領域），*63*, 9-17.

有馬道久・柳原由美子（2020）．授業中の教師の注視行動とその意図に関する実践研究　香川大学教育実践総合研究，*40*, 37-44.

Ball, D., Thames, M. H., & Phelps, G. (2008). Content knowledge for teaching: What makes it special? *Journal of Teacher Education*, *59*, 389-407.

Hill, H. C., Rowan, B., & Ball, D. (2005). Effects of teachers' mathematical knowledge for teaching on student achievement. *American Educational Research Journal, 42,* 371–406.

姫野完治（2019）．教師のわざと「みえ」　姫野完治・生田孝至（編著）　教師のわざを科学する（pp. 98–99）　一莖書房

稲垣忠彦・佐藤　学（1996）．授業研究入門　岩波書店

香川大学教育学部（2019）．文部科学省平成30年度発達障害に関する教職員等の理解啓発・専門性向上事業（発達障害の可能性のある児童生徒に対する教科指導法研究事業）成果報告書（Ｉ）（https://www.mext.go.jp/a_menu/shotou/tokubetu/main/006/h30/1420871.htm）

近藤邦夫（1995）．子どもと教師のもつれ―教育相談から―　岩波書店

楠見　孝（2012）．実践知の獲得―熟達化のメカニズム―　金井壽宏・楠見　孝（編）　実践知―エキスパートの知性―（pp. 33–57）　有斐閣

西之園晴夫（1999）．教育実践の研究方法としての教育工学　日本教育工学会論文誌, *23*(2), 67–77.

野中郁次郎・竹内弘高（1996）．知識創造企業　東洋経済新報社

坂本篤史・秋田喜代美（2012）．教師　金井壽宏・楠見　孝（編）　実践知―エキスパートの知性―（pp. 174–193）　有斐閣

# おわりに

この本は，4年前まで心理学研究室で同僚であった大久保智生，宮前淳子，岡田涼の三氏が，私の定年退職を機に発案してくれたことから始まりました。親子ほども年が離れた三氏の熱い気持ちと実行力に背中を押してもらいながら，どうにか上梓することができました。冒頭から私事になり恐縮ですが，これまで有形無形に支えてくださった三氏に心からお礼を申し上げたいと思います。

さて，執筆者には，私を含めた4名の編者がこれまで学会や研究会でお世話になった方々や同僚として共に働いてきた方々にお願いすることができました。いずれの執筆者も，それぞれの専門分野で先進的な研究をされていることはもちろんですが，それだけではなく，実践も大切にされている点が共通しているように思います。このことは，各章を読んでいただければすぐにおわかりになると思います。

ところで，私が教職大学院を担当するようになって4年が過ぎようとしていますが，この間，最も頻繁に聞いた言葉の1つが，「理論と実践の往還」，あるいは「理論と実践の融合」という言葉でした。この言葉を聞くと，理論と実践があたかも対極に位置しているかのようなイメージがあります。しかし，そうなのでしょうか。理論と実践はそれほど離れたものなのでしょうか。これに関連して，アクション・リサーチで有名なクルト・レヴィンは次のように言っています。“Nothing is so practical as a good theory.”「良い理論ほど実践的なものはない」という言葉です。そこには，理論と実践がとても近い関係にあること，たとえて言うと，コインの表と裏のような関係にあることがわかります。このようにとらえる方が，私にはとてもしっくりきます。ただ，「実践的」の意味が少しわかりにくかったので，“practical”の意味を調べてみました。すると，「実用的」とか「役に立つ」という意味もあることがわかりました。そこで，これらの言葉で置き換えてみると，「良い理論ほど実用的な（役に立つ）ものはない」となります。いかがでしょうか。私はこれこそが「理論と実践の融合」の意味だと納得しました。本書の中で紹介されている心理学の理論が皆様にとって実践的あるいは実用的なものとして受け止めていただけることを期待したいと思います。そして，幸いにもそうなったとすれば，本書の執筆者が，常に実践を意識しながら研究を行ってきたこともその大きな理由になっているのではないかと思うのです。

さらに，もしかしたら，理論と実践を入れ替えて，「良い実践ほど理論的なものはない」“Nothing is so theoretical as a good practice.”としても十分成り立つのではないかとかなり確信をもって思っています。というのも，ある教師が子どもたちの学習効果を上げるために，新しい教授法を採用して，工夫改善を繰り返しながら，体系的な独自の指導法として確立したとしたら，それは実践知という立派な理論になったといえるからです。そして，多くの教師がこのような努力を日々されているのだと思うのです。

常に実践を意識しながら行われる研究（理論）と，常に理論を意識しながら行われる実践が合わさったとき，はじめて真の「理論と実践の融合」が成り立つのではないかと思います。本書がその融合のきっかけになることを心からお祈りいたします。

最後になりましたが，ナカニシヤ出版の山本あかねさんには，本書の企画段階から私たちの思いを汲み取りつつ，的確な助言をいただくとともに，編集の終盤では読者の立場から見た有益なコメントもたくさんいただきました。それらの献身的なお仕事のおかげで出版にこぎつけることができました。編者を代表して心よりお礼申し上げます。

また，本書の出版に当たり，香川大学教育学部学術基金より出版助成をいただきました。ここに記して感謝申し上げます。

編者を代表して
有馬道久

# 事項索引

# 人名索引

**【執筆者一覧】**（執筆順，＊は編者）


**大久保智生**（おおくぼ・ともお）＊
香川大学教育学部准教授
担当：第 1 章

**岸　俊行**（きし・としゆき）
福井大学教育学部准教授
担当：第 2 章

**野中陽一朗**（のなか・よういちろう）
高知大学教育学部講師
担当：第 3 章

**山森光陽**（やまもり・こうよう）
国立教育政策研究所総括研究官
担当：第 4 章

**町　岳**（まち・たけし）
静岡大学大学院教育学研究科准教授
担当：第 5 章

**篠ヶ谷圭太**（しのがや・けいた）
日本大学経済学部准教授
担当：第 6 章

**宮前淳子**（みやまえ・じゅんこ）＊
香川大学教育学部准教授
担当：第 7 章

**金綱知征**（かねつな・ともゆき）
香川大学大学院教育学研究科准教授
担当：第 8 章

**牧　郁子**（まき・いくこ）
大阪教育大学教育学部教授
担当：第 9 章

**弓削洋子**（ゆげ・ようこ）
愛知教育大学教育学部教授
担当：第 10 章

**宮前義和**（みやまえ・よしかず）
香川大学大学院教育学研究科教授
担当：第 11 章

**惠羅修吉**（えら・しゅうきち）
香川大学大学院教育学研究科教授
担当：第 12 章

**姫野完治**（ひめの・かんじ）
北海道教育大学大学院教育学研究科准教授
担当：第 13 章

**岡田　涼**（おかだ・りょう）＊
香川大学教育学部准教授
担当：第 14 章

**一柳智紀**（いちやなぎ・とものり）
新潟大学大学院教育実践学研究科准教授
担当：第 15 章

**岸野麻衣**（きしの・まい）
福井大学大学院連合教職開発研究科准教授
担当：第 16 章

**吉田寿夫**（よしだ・としお）
関西学院大学社会学部教授
担当：第 17 章

**有馬道久**（ありま・みちひさ）＊
香川大学大学院教育学研究科教授
担当：第 18 章

**学校に還す心理学**
**――研究知見からともに考える教師の仕事――**

2020年3月14日　初版第1刷発行　定価はカヴァーに表示してあります

編　者　有馬道久
　　　　大久保智生
　　　　岡田　涼
　　　　宮前淳子
発行者　中西　良
発行所　株式会社ナカニシヤ出版
〒606-8161　京都市左京区一乗寺木ノ本町15番地
Telephone　075-723-0111
Facsimile　075-723-0095
Website　http://www.nakanishiya.co.jp/
Email　iihon-ippai@nakanishiya.co.jp
郵便振替　01030-0-13128

装幀＝白沢　正／印刷・製本＝創栄図書印刷株式会社

Printed in Japan
ISBN978-4-7795-1450-0　C3011